ウェストファリア体制

天才グロティウスに学ぶ「人殺し」と平和の法

倉山 満
Kurayama Mitsuru

PHP新書

はじめに——日本人の全人類に対する罪

甚《はなは》だしい勘違いが蔓延しています。「古い時代よりも新しい時代の方が文明的である」との思い込みです。

少し歴史を調べれば、文明が退化した事例など、山のようにあります。その最たる例が、中世です。そもそも、古代・中世・近代の三区分は、西洋人が自分たちの歴史を説明するために考えた、便宜的な物差しです。文明的なギリシャ・ローマが古代。キリスト教の公認と国教化によってローマ帝国の文明が廃れた暗黒の世紀（Dark Age）が中世。ルネサンス（再生）によって文明が回復してからが近代、です。この一事を以《もっ》てしても、歴史が常に発展するわけではない、という厳然たる事実は一目瞭然だと思います。

この意味での中世など、日本には存在しません。同時に、ルネサンスも必要ありません。むしろ、旧ローマ帝国の版図《はんと》だった国以外の歴史には、古代だの中世だのは何の関係もない区分でしょう。

しかし、近代は違います。現代、地球上のすべての国はつながっています。世界は一つなのです。「自分は、グローバル化は嫌いだ」と言っても、今さら鎖国など不可能です。少なくとも、我々日本人は、外国との関わりなくして生きていくことはできません。こうした現代の秩序、「近代」を世界中に押し付けてきたのが、ヨーロッパ人です。現代世界の三大国は、アメリカ・中国・ロシアですが、この三カ国ですら、かつてヨーロッパ人が作ったルールの上でプレーヤーを演じているにすぎないのです。

本書は、このルールの成り立ちと変容、なぜそのようなルールが必要とされ、どのように世界に広がり、そして今に影響を与えているかを解説します。

そのルールは「ウェストファリア体制」と呼ばれます。別名は「文明国の通義」、「マトモな国ならば守るに決まっている掟《ルール》」のことです。

最初に結論を言います。千年を超える暗黒の中世を克服したヨーロッパ人は、後に「ウェストファリア体制」と呼ばれる掟《ルール》を確立します。そして、これを全世界に押し付けました。ヨーロッパ人の力が衰えるとともに、非ヨーロッパの国である、アメリカ・ソ連（ロシア）・中国が台頭し、掟《ルール》そのものが変容します。大きく歪められているけれども、掟《ルール》そのものは残存しています。

では、なぜ日本人が「ウェストファリア体制」を学ばなければならないか。理由は、二つあります。

一つは、「ウェストファリア体制」とは日本人が野蛮な世界で生き残るのに必要な武器だからです。

東アジアを眺めると、丸腰の日本は核武装した周辺諸国に囲まれています。習近平の中国、ウラジーミル・プーチンのロシア、金正恩《キムジョンウン》の北朝鮮。さらに、核を持っていない文在《ムンジェ》寅《イン》の韓国まで、事あるごとに日本に嫌がらせをしてきます。日本はただただ、ドナルド・トランプのアメリカにすがり、周辺諸国のご機嫌を取って生き延びているだけです。それでも良いと思う方は、この本を読む必要はありません。

本書は、日本が誰にも媚《こ》びないで生きていくための知見を集めた本です。世の中の掟《ルール》を知っていること自体が、武器です。それは国際社会においても同じで、知力は武力や財力と同じように、武器なのです。如何なる超大国も守らねばならない掟《ルール》である「ウェストファリア体制」こそ、日本人が自分たちの身を守るだけでなく、全人類に光を与える武器なのです。この武器を使いこなしたとき、日本は全人類の指導者として世界中から尊敬される国になるでしょう。

では、なぜ「ウェストファリア体制」が、日本を世界の指導者に押し上げる武器になるのか。これが、我々が「ウェストファリア体制」を学ばねばならない第二の理由です。

本書でお話しする「ウェストファリア体制」は、日本語です。なぜ日本語なのかは、本文で縷々《るる》説明していきます。ヨーロッパの現地読みでは、ヴェストファーレンの地で生まれた掟《ルール》は、日本人の手によって全人類が守るべき文明の法となりました。この歴史を日本人が知らないことこそ、罪なのです。

私は、ある意味で自虐史観の持ち主です。世間で言われる自虐史観とは、「昔の日本は外国に対し侵略や虐殺など悪いことばかりし続けた国だ」との歴史観のことです。この意味での自虐史観は誤りです。私はまったく違う意味での自虐史観を抱いています。すなわち、「大日本帝国が滅んでしまったために、世界が野蛮に逆行した。日本人はこの罪を自覚し、反省し、そして文明に戻すために行動しなければならない」との意味での自虐史観です。

東アジアの野蛮な国に取り囲まれながら、日本人は無自覚が過ぎます。人類が世界大戦を経て、どれほど文明を失い、ヨーロッパ中世のような野蛮な世界に逆戻りしたかの歴史に。そして日本も含めた多くの国が巻き込まれ、大迷惑している現実に。

元来、日本人は文明的な民族です。私は「文明的」を「ノンキ」と言い換えます。論より証拠を挙げます。

まず、三つのことを知ってください。

一　心の中では何を考えてもよい

二　人を殺してはならない

三　お互いの存在を認めあおう

日本人ならば、何を当たり前のことを言っているのだと思うでしょう。しかし、このような価値観が人類の多数派になるのは、たかだか数百年の話なのです。そうした歴史の事実に無知で無自覚だから、日本人はノンキなのです。もっとも、日本人はノンキでいられた幸せな民族ということなのですが。

この三要素こそ、人類に〝文明〟をもたらした「ウェストファリア体制」の中核です。この価値観を持つ国家が「ウェストファリア国家」です。

そもそも、「ウェストファリア体制」とは何なのか。

世界史教科書の説明では「ローマ教皇と神聖ローマ皇帝からの主権国家の独立であり、それら主権国家の並立である」、つまり「主権国家体制」であると記述します。

でも、これでは何のことやらわかりません。

これに、「最後の宗教戦争である三十年戦争の時に、ウェストファリア公国（主に現ドイツのノルトライン・ヴェストファーレン州の一部）の二つの都市、ミュンスターとオスナブリュックで講和会議が開かれた。それぞれの地で結ばれた、ミュンスター講和条約とオスナブリュック講和条約という、一六四八年に締結された二つの条約を合わせたものがウェストファリア条約である。条約締結後の世界の秩序がウェストファリア体制と呼ばれる」との退屈な説明が付け加えられたりもします。日本の法学部や文学部の史学科あたりでは、こんな無味乾燥な、退屈きわまりない教え方しかしていませんが、これで何のことかわかれば超能力者でしょう。

しかし、説明が退屈だからといって、遠い世界の話ではありません。現に今、我々はウェストファリア体制の世界に生きているのです。

たとえば、「主権国家の並立体制」です。

現代社会は俗に〝テロとの戦いである〟といわれ、テロリストという〝国〟以外の人たちが頻繁に登場します。それでも、国際連合という場（シアター）に、主権国家というアクターが集まっているのが基本です。国際社会の主体は、あくまで主権国家なのです。

そして、主権国家であるならば、どんな大国もどんな小国も対等であると考えるのが主権国家の並立体制であり、ウェストファリア体制なのです。

このウェストファリア体制というのは、たった一人の、人類史に残る天才が考え出しました。フーゴー・グロティウスという人物です。「国際法の父」とも呼ばれます。〝無〟から〝有〟を生み出した、真の天才です。

グロティウスは、当時、オランダ（ネーデルラント）という国すらなく、しかも、「主権」とか「国」が存在しない時代に、「国際社会」を考え出しました。国家がないときに、国家間の関係、すなわち、国際社会を考えたのです。主権国家にも色々な問題がありますが、主権や国家が存在しない時代の世界は、はるかに悲惨でした。そして世界は今もなお、その天才グロティウスの恩恵に与《あずか》っているのです。

本書の第一章ではまず、全人類（野蛮人を除く）が恩恵を受けている、グロティウスという偉大な天才の人生をたどります。

第二章では、なぜ、グロティウスが国際社会や国際法や主権国家という考えを必要としたのか。その鍵は三十年戦争にあります。あまりにも悲惨だった宗教戦争が、三十年戦争で終わる過程を概観します。

第三章では、グロティウスの超難解な大著『戦争と平和の法』の内容を説明しながら、悲惨な三十年戦争を乗り越えたグロティウスの思想に迫ります。

第四章では、「ウェストファリア体制」が実現した、仮初《かりそ》めの時間を説明していきます。「ウェストファリア体制」を全世界に実現したのは、大日本帝国でした。ところが、大日本帝国の滅亡とともに、「ウェストファリア体制」は大きく揺らぎます。

第五章では、現代の国際社会で、どのように「ウェストファリア体制」が崩れ、その一方で、どのように残っているのかを検証し、そうした世界のなかで、我が日本国は何を為すべきなのか。全人類に対する使命を考えていきたいと思います。

野蛮な現代世界において、日本は自分の国を守るためにウェストファリア体制を守らなければなりません。むしろ、広めていかなければならない。この本を書いた理由です。

ウェストファリア体制とは何なのか。

それでは、一緒に確認していきましょう。

ウェストファリア体制

天才グロティウスに学ぶ「人殺し」と平和の法

目次

第二章　なぜ宗教戦争は悲惨な殺し合いになるのか?

第三章　なぜ『戦争と平和の法』は必要とされたのか

第四章 「ウェストファリア体制」の現実

第五章　日本人の世界史的使命

第一章

偉大な天才・グロティウス、その悲劇の生涯

殺し合いが日常の世界

フーゴー・グロティウスは一五八三年生まれ、約四四〇年前の人です。

この年、日本では賤ヶ岳《しずがたけ》の戦いが行われました。羽柴秀吉が柴田勝家を破り、織田信長の後継者の地位を確固としました。長く続いた戦国時代が、終わりを告げようとしている頃です。

日本の戦国時代は、割と平和です。平和が日常で、合戦は非日常です。今の国際社会で紛争が絶えませんが、日本や欧米は何十年も戦火に巻き込まれていません。日本の戦国時代も同じようなもので、慢性的に戦いが続いている地域はあるけれども、全体的には平和が日常なのです。

一方、ヨーロッパでは慢性的な戦争が続いていました。グロティウスが生まれた頃のヨーロッパは、戦争が日常です。裏を返せば、平和が非日常です。より正確に言えば、「戦争」なんて立派なものではなく、ただの殺し合いです。殺し合いの合間に、束の間の平和があるのです。

西ヨーロッパは一九四五年を最後に、戦火に巻き込まれたことはありません。この地域で平和が続いた、史上最長記録を更新中です。欧米の国々は、自分たちの国の外で毎年のように戦いを繰り広げていますが、自分の国は安泰です。ヨーロッパの歴史を見ても、戦乱か圧制が日常なのです。しかし、この数百年かけて「平和が日常」の地域になりました。その起源をたどれば、グロティウスに行きつきます。

その頃、〝国〟という概念はなかった

フーゴー・グロティウス

グロティウスはネーデルラントのホラント州デルフトに生まれました。つまりは、オランダです。しかしその当時、まだオランダという国はありません。しかも、「オランダ」とは我々日本人が使う通称であって、彼らの母語（Nederlands：オランダ語）では「ネーデルラント」です。「ネーデルランド」（英語）ではないので、念のため。ちなみに、デルフト生まれには、『真珠の耳飾りの少女』などで人気の画家フェルメールがいますが、グロティウスより半

世紀あとの人です。ということで、本当はネーデルラントと呼ばなければいけないのでしょうが、混乱すると困るので、本書ではオランダで通します。

オランダは、しばしば「ベネルクス（Benelux）」で一括りにされます。ベルギー（Kingdom of Belgium）、オランダ（Kingdom of the Netherlands）、ルクセンブルク（Grand Duchy of Luxembourg）です。現在のベネルクス三国の領域に加え、フランス北東部のはずれの地域を含む所は、「ネーデルランデン」と呼ばれていました。オランダ語で「低地地方」を意味する語の複数形です。

ネーデルランデンはドイツ地方にありながら、スペイン・ハプスブルク家の所領でした。ネーデルランデンの北部が独立をめざし、単数形で「ネーデルラント」を名乗ります。ネーデルラントは一五八八年に事実上独立し、一六四八年、ウェストファリア条約が締結されたときに正式に独立します。オランダ連邦共和国です。ちなみに、ネーデルランデンの南部はスペイン・ハプスブルク家の領地として残ります。一旦、一八一五年にオランダに併合され、ベルギーとして独立するのは一八三一年です。

北部のネーデルラント＝オランダ連邦共和国は七つの州から成り立っていました。フローニンゲン州、フリースラント州、オーフェルエイセル州、ヘルデルラント州、ホラント州、ユトレヒト州、ゼーラント州です。七州のなかで最大の州がホラントでした。ホラントは、現在のオランダの首都アムステルダムを有する州です。

日本にやってきたポルトガル人が、最大州「ホラント」を「オランダ」と伝えました。それ以来、日本ではオランダ連邦共和国を「ネーデルラント」ではなく、ポルトガル語由来の名称で「オランダ」と呼んできたのです。外国人が日本を「エド」と呼ぶようなものでしょうか。

オランダは日本にとって、古くから何かと縁のある国です。江戸時代、ヨーロッパの国で唯一日本と通商、通交があったのがオランダでした。また、世界で初めて「日本学科」ができたのは、オランダのレイデン大学です。

グロティウスが生まれた頃、オランダはスペイン・ハプスブルク家に対し独立戦争を挑んでいました。ただ、この時代のヨーロッパには、現在と同じような意味での〝国〟という概念がありません。教皇、皇帝、国王、貴族という一握りの特権階級だけが支配者で、それぞれがモザイク状に所領を持っているだけでした。

特権階級は宗教貴族と世俗貴族の二つに大きく分けられます。宗教貴族の最大権威がローマ教皇です。片や、世俗貴族の最大勢力はハプスブルク家です。ハプスブルク家は神聖ローマ皇帝とスペイン国王を輩出していました。本家のオーストリア・ハプスブルク家が皇帝を世襲していましたが、羽振りは分家のスペイン・ハプスブルク家の方が良かったのです。

スペイン・ハプスブルク家は新大陸に植民地を持ち「日の沈まない国」と称され、莫大な富を得ていました。さらに、ポルトガルを併合し同君連合を組み、イベリア半島全体を支配していました。

ヨーロッパの中心のドイツ地方を本家が、西の端のイベリア半島を分家が支配する様子は「双頭の鷲」に例えられます。ややこしいのは、本家のすぐ傍のオランダは分家の持ち物、というように、領地が飛び地だらけなことです。

分家の方はイベリア半島をがっちり抑えた上で、低地地方や新大陸を領有しています。それに対して、本家は皇帝とは名ばかり。ドイツ地方に、「三百諸侯」と言われる貴族がひしめき合っていました。同時代の日本で、室町将軍家は存在するものの、全国に大小三百くらいの大名がひしめき合っているのと似ています。戦国時代の日本を訪れた宣教師は、天皇をローマ教皇に、将軍を神聖ローマ皇帝に例えていました。似て非なる存在です。

足利将軍家の正式滅亡は、一五八五年です（通説は一五七三年ですが、最後の将軍の足利義昭が幕府再興をあきらめて引退するのは、この年です）。ただ足利将軍家は、最後の九十年はマトモな軍事力を持っていませんでしたから、周りの実力者に振り回され続けました。それに対しハプスブルク皇帝家は、ヨーロッパ最大の軍事力を持っています。言わば、皇帝自身が実力者なので、末期足利将軍のような哀れな存在とは違います。他の諸侯と対等以上に戦っています。

また、日本の天皇は自らが政治の渦中でプレーヤーとなることはありませんが、ローマ教皇は違います。独自の所領と軍隊を持ち、独自の発言権があります。それどころか、常に政争の中心に位置します。

宗教が殺し合いを日常にする

ヨーロッパで戦争が日常なのは、宗教問題で争っているからです。これに金が絡みますから、常に命がけの殺し合いになるのです。

一五一七年、マルチン・ルターが宗教改革をはじめ、ローマ教皇に喧嘩を売ります。そしてルターと支持者たちは、カトリックに対しプロテスタント（抗議する者）を名乗ります。そして世の中、最初から敵だった相手よりも裏切り者の方が憎いのが人情です。両者は、比喩ではなく血で血を洗う抗争を繰り返すこととなります。

宗教改革時代のヨーロッパ

カトリックの信仰を維持した地域は、西から今の国名で、スペイン、ポルトガル、フランス、ベルギー、ルクセンブルク、イタリア、ドイツ南部、オーストリア、ポーランド、エストニアです。

プロテスタントが主流の国となったのは、東から今の国名で、スウェーデン、ノルウェー、デンマーク、スロバキア、チェコ、ドイツ北部、スイス、オランダです。

ちなみにバルカン以東はギリシャ正教が多数派ですが、この時代は異教徒であるイスラム教のオスマン＝トルコ帝国に支配されていました。

正教、旧教（カトリック）、新教（プロテスタント）が、今ではキリスト教三大宗派です。この中で仲が悪いのがカトリックとプロテスタントです。バチカン（ローマ教皇）はプロテスタントの存在を許さず、徹底的に弾圧します。バチカン千年の歴史では、逆らった者は皆殺しにするまで戦うのが常です。イスラム教相手の十字軍は連戦連敗で、最後は叩きのめされて終わりましたが、弱い相手には徹底します。たとえば、バチカンの教えに疑いを抱いたカタリ派などは、彼らの拠点の南仏のアルビジョアに十字軍を差し向け、本当に皆殺しにしました。プロテスタントも皆殺しにされては堪らないので、徹底抗戦するわけです。

プロテスタントのオランダが、カトリックのハプスブルクに対して独立運動を仕掛けた理由は二つです。一つはもちろん、宗教問題。もう一つは金です。オランダは経済力をつけたので、もうハプスブルクの支配を受けたくない、つまり自分で儲けた金を巻き上げられたくない、と戦いを挑んだのです。

一五六八年、オランダがスペインに仕掛けた独立運動は、のちに「八十年戦争」と呼ばれるようになります。最初から「八十年戦うぞ」と始めたわけでもなければ、毎日連続して休みなく八十年間戦っていたわけでもありません。結果として、オランダがスペインから正式に独立するまで八十年間かかったので、名付けられました。

一五八八年にオランダ連邦共和国が成立し、事実上は独立しても、スペイン・ハプスブルク家は独立を認めません。オランダの独立運動が終わらないうちに、一六一八年に三十年戦争に突入してしまいます。そして、一六四八年、ウェストファリア条約でオランダの独立戦争も終わりにしようとなった時、ちょうど八十年が経過していたので、「八十年戦争」と呼ばれたのです。

グロティウスが生まれた時代のヨーロッパは、日本の戦国時代など平和としか思えないような、殺し合いが日常の世界だったのです。

一〇代にしてオランダを代表する有識者に

グロティウスの六十二年の人生は、「天才、順調、悲劇」です。

神童と呼ばれ、天才として順調な人生を歩むのですが、人生の半ば以降は天才ゆえの悲劇に見舞われ、生涯を終えます。

グロティウスは名門の家に生まれます。多くの政治家や大学教授を出している家系です。

グロティウスの父ヤンもデルフト市長を四回、レイデン大学理事も務める地元の名士です。そういう家系に生まれたにしても、グロティウスは早熟の英才でした。

まず、八歳でラテン語の詩を作ります。日本の小学生にたとえるなら、さしずめ漢詩を作る感じでしょうか。一一歳で名門レイデン大学に入学します。レイデン大学はオランダ最古の大学です。もちろんコネではなく、実力です。

大学では文献学、歴史学、ヘブライ語、アラビア語を修め、神学部や法学部でも講義を受けていたようです。グロティウスは、他分野に深い知識を有していますが、専門以外にも広く関心を持つ教養人でした。複数の分野の学問の手法を総合することを「学際的」と言いますが、グロティウスは一人で学際的な手法を駆使できる、真の知識人だったのです。

大学を終えたのが一四歳です。日本でいえば、まだ義務教育を終えていない年齢です。十年近くの〝飛び級〟でした。

飛び級といえば、最近は欧米でもあまり飛び級をさせなくなったそうです。飛び級には、人格形成を困難にし、非常に孤独な傾向の子供が育ちやすくなるという問題点があるとか。確かに、同級生は皆が自分より年上で、しかも飛び級した自分のほうがはるかに優秀であれば、友だちができにくくなるでしょう。特に同年代の友達はできにくくなります。

後年のグロティウスの性格を考えるうえで、〝飛び級〟をして育った点は見逃せません。孤独な晩年を暗示するかのような、大人になってから宗教対立をまとめようとしたグロティウスの姿に繋がるようなエピソードも残されています。

グロティウスの母アリダはカトリック教徒でした。一二歳のグロティウスは母を説得し、プロテスタントに改宗させてしまいました。この時代の「改宗」は、命懸けの覚悟を要する大事です。どうやって説得したのか詳細はわかりませんが、頭がよすぎます。

大学を終えてすぐの一五歳で、外交官となりました。年齢的にはまだ子供でも、駆け出し外交官ではありません。フランスとオランダの友好関係を結ぶためにフランスを訪れ、時のフランス国王アンリ四世に謁見します。

アンリ四世はグロティウスを指して「ほら、見給え。ホラントの奇蹟だ」と言ったとか（柳原正治『グロティウス』清水書院、二〇一四年）。史実として確定できるかはさておき、神童グロティウスを伝える、よく知られるエピソードです。ちなみに、アンリ四世はフランスでナポレオンを遙かに凌ぐ、英雄中の英雄です。

この時の訪問は、グロティウス個人には収穫がありました。フランスで得た友人が、のちにグロティウスを助け、支えになるのですから。

グロティウスは生涯にわたって本を執筆し続け、世に送り出します。

最初の学術書を出版したのが一五九九年、一六歳でした。天文学関係の本に註釈を付けたり、ラテン語訳の翻訳書を出したりしています。出した翻訳書から、グロティウスは「数学の知識も兼ね備えていた」と推定されています（前掲『グロティウス』）。

一六歳の年の暮れ、デルフトからそう遠くないハーグで弁護士として開業しました。司法試験といった制度はないので、法学部を出れば弁護士になる資格はあります。

弁護士業の傍らで、執筆活動も旺盛です。「光陰矢の如し」がグロティウスの座右の銘だったというのが大いにうなずけます。

一八歳の時、ホラント州議会からオランダの歴史の編纂の命を受けています。

一〇代でオランダを代表する知識人だったのです。

さて、グロティウスは、当時のホラント州をはじめとするオランダ五州の総督マウリッツから弁護の依頼を受けています。総督とは実質的な大統領です。グロティウスは大統領から弁護の依頼があるくらいの、著名な弁護士になっていました。

ただ、弁護士として有名になっても、グロティウスはどこか満足できなかったようです。「哲学者になりたい」と漏らした手紙が残っています。

グロティウスは筆まめで、手紙のやりとりも膨大だったようです。一四歳（一五九七年）以降の残っていた手紙だけでも約七千通に上るそうですから、推して知るべしです。保存されていた手紙は書簡集として刊行されています。

二四歳で、ホラント・ゼーラント法院検察官に任命されました。ここから、グロティウスの約十年間の官僚生活が始まります。

検察官になった翌年、二五歳で結婚しました。相手は一八歳のマリア・ヴァン・レイヘルスベルフ。ゼーラント州のフェーレ市長の娘です。マリアの家もゼーラント州の名門でした。二人のあいだには四男四女の八人（三男三女の六人説もある）の子供が生まれますが、うち何人かは夭折しています。

グロティウスは結婚して官僚生活を送りながら執筆活動も行い、生涯に歴史学、文献学、法学、神学などの分野で多くの本を書き、詩作も一万編を越えています。

「百パーセント合意できない者は人間ではない」という価値観

オランダを取り巻く環境にも変化があります。

一六〇九年から二一年までの十二年間、オランダとスペインのあいだで休戦協定が結ばれます。オランダの独立運動も一休みです。

一六一三年、三〇歳のグロティウスは、またもや外交官に任命されます。イギリスとの香辛料貿易に関する交渉のため、ロンドンに出向きます。

同じ年、ロッテルダム市法律顧問となりました。官僚としての仕事も順調です。

翌一六一四年に書いた本の題名が、『宗教的諸事項についての最高権力の支配』です。この頃からグロティウスが宗教紛争に心を痛め、宗教問題に関して独自に研究を始めていたのがわかります。この本が出版されたのは一六四七年。グロティウスが亡くなってから二年後です。

三〇代前半まで、グロティウスの人生は順風満帆そのものでした。

転機が起きたのは三十年戦争が勃発した一六一八年、グロティウス三五歳のときです。

オランダのプロテスタントどうしで宗教教義上の違いをめぐる対立が激しくなり、内戦になりそうな勢いで、グロティウスも巻き込まれていきました。財産没収のうえ逮捕され、終身禁固刑で投獄されます。

グロティウスのほかにも三人が逮捕され、一人は死刑、一人はグロティウスと同じく終身禁固刑になり、残る一人は裁判の前に自殺してしまいます。

一体、何が起きたのか。グロティウスを取り巻く社会背景ごとに見ておきます。

キリスト教のプロテスタントは「預定説」を信じています。預定説とは「全知全能なる神様がこの世のすべての事を定められた。人間の意思では変えられない」とする説です。ただし、これをどこまで信じるかには解釈の幅があります。最も有名な例だと、マルティン・ルターはバチカンに対し預定説を突きつけましたが、途中からあまり言わなくなりました。それを批判して台頭したのが、ジャン・カルヴァンです。これがプロテスタントにおける、ルター派とカルヴァン派の違いです。

オランダにおけるプロテスタントどうしの対立はレイデン大学から始まりました。遡《さかのぼ》ること一六〇四年。レイデン大学神学部の二人の教授、ホマルスとアルミニウスが宗教教義上の違いをめぐって論争を起こします。要は、絶対的な預定説を信じるホマルス派とそれを信じないアルミニウス派の争いです。両者ともカルヴァン派ですが、どちらも妥協できません。「同じプロテスタントどうしなのだから、仲良くしようよ」というのが、グロティウスの考えでした。しかし、グロティウスのような態度を取ると、両方から恨みを買ってしまうのが常です。

宗教教義上の対立で妥協は絶対許されません。一パーセントでも妥協するような人間は裏切り者なのです。悪魔と妥協したものは人間ではない、人の形をした別の生き物である。これが宗教問題の恐ろしさです。

それを示すよい例が、フランス国王アンリ四世の暗殺です。アンリ四世は、最初はプロテスタントでした。幼い頃から動乱の中で四回の改宗を強制された末、最終的に自らの意思でカトリックに改宗します。一五九八年にナントの勅令を出し、プロテスタントに信仰の自由を認めるなど、宗教上の寛容を示しました。そんなアンリ四世が一六一〇年、カトリック教徒に暗殺されてしまうのです。

中世のキリスト教徒にとって、百パーセント合意できない人間は、人間ではないのです。当時のヨーロッパでは、「人間ではない」というのは比喩でも何でもなく、文字通り人間ではなくなるのです。そこが日本とはまったく異なります。

日本では、時代劇などで悪人に向かって「お前ら、人間じゃねえ」などと言っても、それは口先だけのことで、表現の一種でしかありません。たとえ相手が極悪人でも、人間である事実を否定してはいないのです。それが証拠に、蚊の死骸をすりつぶすように、人間の死体を陵辱するような真似はしません。

ところが、本当に「人間ではない」となれば、何をしても構わないと考えるのが中世ヨーロッパのキリスト教徒です。

裏切って悪魔と組むような人間は、悪魔なのです。正しい教えを信じていない人間も、人間ではなく悪魔なのです。悪魔なら何をしてもいいという理屈で、魔女狩りなども平気で行われていました。魔女狩りは、魔女だと疑いのある者に襲い掛かる集団ヒステリーです。時に裁判の形式を取ることもありました。魔女裁判です。魔女裁判は、異端審問という宗教裁判の一種です。異端審問とは、正しい教えを信じていない者に対して行う裁判です。ちなみに〝推定有罪〟で、「神の名で疑われたこと自体が、有罪の証拠」なのです。だから、教会の司祭が「お前は魔女だ」と疑ったら、魔女裁判にかけられ、火炙《あぶ》りにされます。拷問の上で。

日本人なら、なぜ同じ人間に、そんな惨いことをするのだろうと疑問に思うでしょう。しかし、グロティウスが生きた中世ヨーロッパの価値観は違います。悪魔に魅入られた人間は、可愛そうな生き物です。だから正しい教えを守れていない。よって、苦しめて殺してあげるのが、良いことなのです。

魔女狩りはカトリックでも

歴史問題で揉めるたびに韓国が「日本への恨みは千年忘れない」と言います。韓国人がどれほど本気か知りませんが、中世ヨーロッパだと額面通りに受け取られるでしょう。明々白々な証拠があります。

スペインとポルトガルは七一三年以降、約七百年間イスラム教徒の支配下にありながら、キリスト教の信仰を守りました。理由は二つ。一つは改宗を強制されなかったからです。支配者であるイスラム教徒側は、キリスト教徒にイスラム教への改宗を強制しませんでした。税金さえ払えば、キリスト教信仰は許されていたのです。もう一つは、キリスト教徒自身が、異端審問の名のもとに、同じキリスト教徒の裏切り者を殺しまくっていたからです。本当に裏切ったかどうかは関係なく、「疑わしきは拷問にかけて殺せ」を実行したのです。

余談を一つ。以前、とある勉強会で著名なキリスト教系の大学教授に会ったとき、小著『歴史問題は解決しない』（ＰＨＰ研究所、二〇一四年）を読んだという感想に「カトリックは魔女狩りなどはやっていませんから。あれは全部プロテスタントの仕業《しわざ》です」と言い切ったのには驚かされました。カトリックのドミニク修道会やイエズス会がどれほどのことをしてきたか。あれは全部幻ですかと思わず尋ねたくなりました。

魔女狩りはカトリック、プロテスタントを問わず行われています。地域によって程度の差はあれ、黒川正剛氏（『図説　魔女狩り』河出書房新社、二〇一一年）によれば、魔女狩りは一五六〇年代から増加していき、一五七〇年から一六三〇年にかけて激しくなり、その後一六八〇年代までには徐々に減少していったといいます。ヨーロッパに宗教改革の嵐が吹き、宗教対立が深まり、宗教戦争が起こり、そして、ウェストファリア条約が結ばれるに至るのと軌を一にしています。

グロティウスがプロテスタントどうしのケンカを止めようとしたら、なぜ逮捕される羽目に陥ったのかという背景がおわかりいただけたでしょうか。「百パーセント合意できない人間は悪魔」という価値観が普通なのです。喧嘩をしている双方から、悪魔扱いされるのです。むしろ、殺されなかったのが奇跡です。名門の生まれで有名人なので、情状酌量されたのでしょう。

そのような社会的情勢もあって、宗教上の対立に巻き込まれたグロティウスは逮捕されてしまったわけです。

グロティウスは、頭はいいけれど、意志が強い人でもケンカが強い人でもなかったようです。逮捕されて、裁判が開始されると聞くと、すっかり取り乱し、泣きながらひざまずくありさまで、同情を買います。

逮捕された翌年の一六一九年、ルーフェステイン城というところに幽閉されました。ルーフェステイン城はオランダ南部のライン川下流にあたるワール川とマース川が合流するところに十四世紀に建てられた城塞です。当時は政治犯を収容するのに使われていました。ちなみに、現在は博物館として公開されているそうです。

幽閉されたといっても、その生活は結構優雅なものでした。妻子との同居が認められ、妻が週二回、買い物のために外出するのも許されていました。大きな本箱で本を持ち込むのも許可され、グロティウスは獄中生活のあいだ研究を続け、本も何冊か執筆しています。

グロティウス、脱獄す

終身禁固刑だったはずのグロティウスの幽閉生活が二年で終わります。脱獄したのです。許可を得て持ち込まれていた大きな本箱に身を隠し、脱出します。グロティウスはレンガ職人の古着をまとい変装し、落ち延びます。待ち受けていたアルミニウス派の助けで、スペイン領ネーデルラントのアントウェルペン、今のベルギーのアントワープを経由してパリに逃れていきました。脱獄成功の陰には、もちろん妻マリアの助けがありました。

一六二一年、グロティウスは三八歳でパリに亡命します。

余談ながら、その本箱が、現代においてもミステリーを生んでいます。グロティウスが脱獄に使用した本箱とされるのが、複数存在するというのです。ルーフェステイン城をはじめ、アムステルダムの国立博物館など数カ所が、くだんの本箱を所有し、いずれの機関も自分の所にあるのが「本物だ」と宣言しているのだそうです。

経済的に追い詰められて亡命

とにもかくにもパリに逃れたグロティウスは、時のフランス国王ルイ十三世に謁見します。ルイ十三世はアンリ四世の息子です。

ルイ十三世はグロティウスを保護はしてくれました。しかし、グロティウスに約束した年金はほとんど支払われません。自力で収入を得る手段も締め付けられていきます。

獄中で書いていた『真の信仰の証明』という本が出版されるや、オランダ連邦議会によって発禁処分にされてしまったのです。こうして、グロティウスは経済的にどんどん追い詰められていきました。

グロティウスがフランスに亡命した一六二一年、十二年間の休戦条約を結んでいたオランダとスペインの戦争が再開されました。

グロティウスは、今はフランスに養ってもらっている身でも、いつかは祖国オランダに帰りたいと願っていました。その日のために、経済的困窮に瀕しても、フランスの東インド会社など、祖国オランダと利害が衝突するポストはすべて断っています。グロティウスは愛郷心が強い人でした。

しかし、グロティウスには厳しい現実でした。いくら愛郷心が強いとはいえ、グロティウスはフランスの庇護下でしか生きていけない状態でした。

フランスという国は同じカトリックでもハプスブルク家とは仲が悪く、ハプスブルク家以外であれば異教徒であるイスラム教徒とでも仲良くできる体質の国でした。

一六二三年、フランス庇護下のグロティウスは四〇歳にして、パリ郊外で『戦争と平和の法』の構想に着手します。

同書を執筆中、経済的困窮に加え、グロティウスは子供の養育問題で悩みます。フランスの学校に合わない三人の息子たちを、祖国オランダの学校に通わせると決めたため、親子は別居します。

学校時代には怠惰で反抗的だった子供たちでしたが、大人になるとそれぞれ軍人、弁護士、外交官になり、意外と出世するのですから、人生というのはわかりません。

『戦争と平和の法』──ローマ教皇庁の禁書目録に

いよいよ、グロティウスの、人類史に残る名著『戦争と平和の法』が出版されました。一六二五年、グロティウス四二歳のときです。

『戦争と平和の法』は、内容はもちろん、見かけも大部です。『広辞苑』三冊分ぐらいは優にあります。内容については、第三章で紹介します。『戦争と平和の法』は出版後改定を重ね、一六三一年、一六三二年、一六四二年、一六四六年に改訂版が出されます。

その間も、三十年戦争が年を追うごとに激化していきます。グロティウスの人生も試練の連続です。

一六二七年二月、『戦争と平和の法』がローマ教皇庁の禁書目録に掲載されてしまいます。ローマ教皇庁がグロティウスに「教皇に対して、なぜ〝猊下《げいか》〟と言わないのだ。敬称がない」と因縁を付けてきました。しかし、それはあくまで表向きであって、本音は「こんな正しい内容を広められたら、まずい」です。どれほど、まずいか。『戦争と平和の法』の禁書指定は一九〇〇年まで解除されませんでした。

ちなみに、ニッコロ・マキャベリの最も有名にして、帝王学の教科書ともいうべき『君主論』も、ガリレオ・ガリレイの地動説優位を説いた『天文対話』も禁書目録に掲載された書物です。ローマ教皇庁の禁書目録そのものは、一九六六年になってようやく廃止されました。ついこのあいだの出来事です。この頃の教皇庁は、自分たち以外の人間が正しい知識を得て賢くなるのを嫌がっていたのです。自分の頭でモノを考える能力がない人間の方が支配しやすいと考えていたからです。真実など、支配の邪魔なのです。

一六三一年、四八歳のグロティウスはオランダに無理矢理帰国したところ、国外追放の憂き目に遭い、今度はドイツに逃亡します。

外交官は個人契約の時代

しかし、「捨てる神あれば、拾う神あり」です。祖国を追われたグロティウスは、今度はスウェーデンから招聘されます。

スウェーデンは、「北方の獅子」の異名を持つ国王グスタフ・アドルフの治世で、北欧の大国としての力をつけてきていました。

グスタフ・アドルフは三十年戦争の英雄として有名ですが、一六三二年のリュッツェンの戦いで戦死します。その時、所持品のなかに、『戦争と平和の法』があったとか。文武両道に優れた偉大な人物として知られていました。グロティウスの方も国王に尊敬の念を抱いていたようです。

グスタフ・アドルフの没後、王位を継いだのが娘のクリスティーナです。

グスタフ・アドルフの遺書に従って、スウェーデンはグロティウスを大使に迎えようとします。一六三四年、ドイツのフランクフルトで、スウェーデンの宰相オクセンシェルナと会ったグロティウスはスウェーデンの要請を受け容れます。

オランダ人であるグロティウスが、駐仏スウェーデン大使になりました。

当時の外交官という職業は、国籍は関係ありません。今のような国家がないので、外交官は〝ご主人様〟に仕えるだけです。仕える主人はその都度替わります。グロティウスの場合は、最初はオランダ提督、次にフランス国王、そして今度はスウェーデン女王が〝ご主人様〟でした。

当時の外交官は、現代の野球やサッカーの選手と似ています。国籍に関係なく、チームに所属するだけです。イチローが日本のオリックスから、アメリカのマリナーズへ移籍するのと同じ感覚なのです。要は、個人契約の世界です。

外交官と軍人は国籍に関係ない職業でした。そもそも、外交官というのが、軍人の派生職種です。外交官になれるのは軍人のなかの優秀な人間だけなのです。

グロティウスは一六四五年まで、結局十年あまり駐仏スウェーデン大使としてパリに駐在しました。大使の仕事に満足できないグロティウスは、その間も著作を出し続けます。そして、祖国オランダへの帰還を願う日々でした。

三十年戦争もフランスのプロテスタント陣営への加担で、ハプスブルク家の敗色が濃厚となります。そして和平の機運が芽生え、ウェストファリアで講和会議が開かれます。しかし、グロティウスは講和会議の使節には選ばれず、失望しました。

なぜ、グロティウスが使節に選ばれなかったのか、決定的な理由はわかりません。ただ、スウェーデン宮廷内に反グロティウス派がいて、グロティウスの足を引っ張っていたのは確かなようです。グロティウスが名声を得れば得るほど、反グロティウス派の讒言や中傷が激しくなっていき、グロティウスの大使としての地位を揺るがすほどになっていたのです（松隈清『グロチュースとその時代』九州大学出版会、一九八五年）。

宗教戦争を止めようとした悲劇

一六四四年、グロティウスはクリスティーナ女王から召還の書簡を受け取ります。召還された理由は、これもまた確定されてはいません。一説には、グロティウス自身がクリスティーナ女王に辞任を伝え、召還を要請したとの見方もあります（前掲『グロチュースとその時代』）。

翌年、クリスティーナ女王は宮廷に残るようにと伝えるのですが、グロティウスはそれも固辞します。

グロティウスはストックホルムを離れ、船で北ドイツのリューベックに向かいました。その途中、グロティウスを乗せた船がバルト海で嵐に遭い難破します。グロティウスは三日間の漂流ののち、バルト海沿岸の、今のポーランド北西部からドイツ北東部にかけて広がるポメラニアと呼ばれる地方の海岸に流れ着きました。漂着したときは生きていたものの、翌日、亡くなります。六二年の生涯でした。

グロティウスはデルフトの教会に葬られました。グロティウスは死してのち、ようやく故郷のデルフトに戻れました。

グロティウスの墓碑銘にはラテン語で、

「オランダの囚人にして
亡命者

スウェーデンの大使たりし
フーゴー・グロチュース
ここに眠る」

と書かれています。この文章は、生前のグロティウスが自ら用意していました（前掲『グロチュースとその時代』）。

天才グロティウスの順調な人生は、宗教戦争を止めようとしたところから、悲劇が始まりました。

それにしても、なぜグロティウスは宗教戦争を止めよう、などと思い立ったのでしょうか。それは自らの栄光を葬り去る危険な行為だと、英邁なグロティウスにわからないはずがなかったのですが。

しかし、グロティウスの晩年は不幸だったかもしれませんが、人類は彼の打ち建てた学問によって恩恵を受けているのです。

その学問とは、「文明」です。

第二章　なぜ宗教戦争は悲惨な殺し合いになるのか？

「ウチは宗教じゃないから」が最も危険な宗教

日本人は、「宗教は危険だ」と思っています。しかし、宗教の何が危険か。そして、どんな宗教が最も危険かを、ほとんどの人はまったくわかっていません。

ウチは宗教じゃないから。

このセリフを言い出したら、危険な宗教と断言して構いません。

なぜか？

その人は、自分のことを「宗教」だと思っていないからです。では、「宗教」って何でしょうか。

宗教学者が千人いれば、千の定義があると言われる難しい問題です。語源だけ言っておけば、宗教（Religion）はReligioから来ています。レリギオとは、「つながり」という意味です。「人が社会で生きていく上での指針として示された、その人たちが信じている正しい教え」くらいの意味にしておけば、曖昧ですが間違いではないでしょう。

人類史に残る宗教学者に、カール・マルクスという人物がいます。この人の分析（というか断定）は秀逸です。マルクスは、「宗教はアヘンだ」と言い切りました。アヘンとは、麻薬です。ついでに言うと、ダウン系の麻薬です。ダウン系の麻薬を吸うと、心が落ち込みます。マルクスは、中世キリスト教に支配され家畜のようになってしまったヨーロッパの平民達を分析して、「アヘンだ」と断言したのです。その分析で言うと、十字軍や魔女狩りなどで狂暴化した人たちにとっては、「宗教は覚せい剤だ」と言っても良いかもしれません。アッパー系の麻薬で、人間は狂暴化します。

カール・マルクス

それはさておき、マルクスはキリスト教を「麻薬だ」と言い切りました。中世キリスト教は、言われても仕方がないでしょう。キリスト教の創始から一六四八年までの中で、特に三一三年からの約一三〇〇年間が中世キリスト教です。一六四八年以前の中世キリスト教は、現代人が想像するキリスト教とは違います。キリスト教を現代人が知っているマトモな宗教にした偉大な人物こそ、グロティウスであると言い切っても過言ではないのです。
もう一つ、宗教の本質です。

宗教を否定するところから始める宗教ほど、危険なものはない。

これこそマルクスの本音です。マルクスは共産主義という思想を打ち出しました。キリスト教をはじめとする、あらゆる宗教を麻薬だと言い切り、「あんなものは危険な麻薬にすぎない」と否定しました。そして自分の言っていることだけが「正しい教えだ」と信じ込ませました。その結果、共産主義者と呼ばれる人たちが地球を覆い尽くしました。

ロシア革命、レーニンやスターリンの大粛清、第二次世界大戦、東欧での圧制、朝鮮戦争、中国内戦と共産党支配、毛沢東の文化大革命、ポルポトの大虐殺、チベットやウィグルへの民族浄化、等々。共産主義者が引き起こした人災は数知れません。

彼らは共産主義を「宗教」だとは思っていません。共産主義者にとって共産主義とは、「正しい教え」です。自分を「信者」だと思っていない信者ほど、恐ろしい人たちはいません。中世キリスト教が異端や異教の人々を平気で殺せたのも、共産主義者の大量殺戮《さつりく》も同じです。教祖がいて、「これが正しい教えだ」と信じ込ませる。人を殺すのが「正しい教え」ならば、平気で殺せます。さらに言うと、マルクスは中世キリスト教を徹底的に分析し、口では「麻薬だ」と批判しながら、自分はその手口を学んで実行したのです。

さて、

ウチは宗教じゃないから。

が、どれほど危険な思考回路か、お判りでしょうか。

自分が正しいと信じている教えを、この世にいくつもある「宗教」の一つだ、と考えられる。そういった相対化ができず、自分の信じている教えを唯一絶対だと信じて疑っていないからです。それが、「ウチは宗教じゃないから」と自分で言っている宗教の危険さです。

「汝の隣人を愛せよ」は危険な教え

宗教戦争は悲惨です。当時のヨーロッパ人が残酷で凶暴だからです。では、どうしてヨーロッパ人は残酷で凶暴なのでしょうか。

それを知るためには、キリスト教の起源に遡る必要があります。宗教戦争の悲惨さに直結する部分を押さえます。なお、キリスト教誕生時の詳細は、小著『誰も教えてくれない真実の世界史講義 古代編』（ＰＨＰ研究所、二〇一七年）の第四章「ほんとうは怖いキリスト教の誕生」も、ご覧下さい。

そもそも、キリスト教とは何か。イエスがキリスト（救世主）であると信じる教えのことです。そう信じる人たちが、キリスト教徒と呼ばれるようになりました。

ただし、イエスが「自分はキリスト教の創始者である」と名乗ったことは、その生涯で一度もありません。なぜなら、イエスはキリスト教ではなく、死ぬまでユダヤ教の改革派だったからです。

では、そのユダヤ教はというと、民族宗教です。「ユダヤ教を信じる人だけがユダヤ人であり、ユダヤ教を信じない人はユダヤ人ではない」との教えでした。

ところが、民族宗教にすぎなかったユダヤ教を、イエスが改革して人類宗教にしてしまいました。ユダヤ教は今でも民族宗教のままですが、そこから分派したキリスト教は人類宗教です。これがいかに危険なことか。

誰でも、一度は「汝の隣人を愛せよ」とのキリストの言葉を、聞いたことがあると思います。「すべての人間を愛しなさい」との意味です。ほとんどの日本人は、人間を差別してはならない、全人類に対する愛を語った素晴らしい教えだと思うでしょう。現代のキリスト教徒には、そう考えて実践している人もいます。

では、近代以前では？

私は、最初に「汝の隣人を愛せよ」「すべての人間を愛しなさいという意味ですよ」と教えられた時、「なんて危険な教えなんだろう」と思いました。

なぜか？

どうしても愛せない、仲良くできない人間は、人間ではないということになるではないか、と思ったからです。

この言葉、キリスト教に関してまったく知識がない時に教わったのですが、「では、アドルフ・ヒトラーのような、大量殺人鬼も愛さなければならないのか。自分の大切な人をヒトラーに殺された人も、ヒトラーを愛さなければならないのか」と疑問に感じました。司祭さんに聞いても、満足のいく答えは返ってきません。

そしてキリスト教の歴史を調べていくと、十字軍や魔女狩りのような、人を人と思っていない蛮行の数々に出くわします。異教徒を悪魔と罵《ののし》り、あいつは魔女だと火炙りにする。殺している側の人たちは、自分が殺している人を、人間だと思っていないのではないか。日本人にとって「人を人と思わぬ」は喩えにすぎません。しかし、中世キリスト教徒にとっては比喩でも何でもなく、文字通り異端や異教徒は人間ではないのです。「人の形をした別の生き物」「人であって人ではない生き物」なのです。

本当の所、キリストがどういうつもりで「汝の隣人を愛せよ」と言ったのかわかりません。人によっては本気で人類愛を説いたのだと主張すれば、一方でキリストも愛せない者は人ではないと考えていたのだと類推する人もいます。証明のしようがない話ですから。同じ『新約聖書』に記された事実をめぐり、キリスト教徒とアンチクリストの論者は真っ向から対立する解釈をします。

弾圧に耐え、ローマ帝国の国教に

ということで、キリストの真意を探っても仕方がないので、歴史地的事実を並べながら考えていきましょう。

「ユダヤ教を信じる人だけがユダヤ人である」とするユダヤ教徒に、イエスという改革者が出現しました。そしてローマ帝国において、勢力を拡大します。最晩年には暴力も振るったようです。『新約聖書』の「マタイによる福音書：二一章一二節〜一三節」に記録されています。

　そしてイエスは神殿《しんでん》〔境内《けいだい》〕に入った。そこで彼は神殿〔境内〕で売《う》り買《か》いする者たち全員を追い出し、両替人《りょうがえにん》たちの台《だい》と鳩《はと》を売る者たちの椅子《いす》とをひっくり返した。そして彼らに言う、「〔聖書にはこう〕書かれている、『私の家は、祈りの家と呼ばれるであろう』。それなのにお前たちは、それを強盗《ごうとう》どもの巣《す》にしている」。

（新約聖書翻訳委員会訳『新約聖書』岩波書店、二〇〇四年）

　この事件は、同じく『新約聖書』の、マルコ、ルカ、ヨハネの三つの福音書にも同様の記述があります。これを愛の行動と解釈も可能でしょうし、単なる敵対宗派に対する暴力と評することもできましょう。

　この後、イエスはローマ帝国によって処刑されます。その後も帝国はキリストの弟子たちを弾圧します。ローマがキリストの一団を危険と看做したことは間違いありません。もっとも、キリスト死後から三百年くらいは「キリストの教えを信じない者は人間ではない」などと押し付けるほどの勢力はなく、ローマ帝国が思い出したように弾圧する弱小カルト教団扱いですが。

そうした弾圧にも耐え、イエスの弟子たちは教団を拡大していきます。十二使徒と呼ばれるイエスの高弟の筆頭がペテロです。ペテロは、初代ローマ教皇に比される人です。もちろん、イエスが「自分はキリスト教の創始者だ」と名乗ったことがないように、ペテロも「自分は初代ローマ教皇だ」と名乗ったことはありません。

人類宗教に拡大するキリスト教の骨格を創ったのは、その次の世代のパウロです。パウロは十二使徒には数えられていませんが、ペテロと並び称せられるキリスト教の伝道者です。パウロは、もとは厳格なユダヤ教の人で、イエスを迫害する側でした。それが回心し、異邦人にキリスト教を伝道していきます。パウロがイエスに実際に会ったかどうかすら、疑問の残る関係です。

詳細は省きますが、あらゆる弾圧に耐え、何度も教団消滅の危機を迎えながらもローマ帝国で生き抜き、遂に公認を勝ち取ります。なぜ詳細を省くかというと、信憑性がある史実が残っていないからです。たとえば肝心のキリスト教公認の話です。戦いの時、空に十字架が見えたので勝利し、それを喜んだ皇帝がキリスト教を公認した、という、眉に唾を大量に付けねば聞けないような話です。

間違いのない客観的な事実を言うと、三一三年にキリスト教がローマ帝国に公認されて以来、帝国全土に広がり、大きな影響力を持つようになりました。そして、三九二年には国教化されます。

四世紀は、ローマ帝国にとって没落の時代です。尚武の気風は薄れ、国民はパンとサーカスに明け暮れます。風紀は乱れ、政治は混迷を極めます。科学技術の発展も急速に止まる、どころか劣化し、ローマ自慢の上下水道すら維持できず、町は不潔になります。そして異民族の侵入に、なすすべがありませんでした。この歴史的事実から「キリスト教によってローマは滅んだ」と主張することも可能でしょうが、厳密に因果関係を立証するのは至難なので、そこには深入りしないこととします。

三九五年、ローマ帝国は東西に分裂します。腐敗した西を捨て、東だけでも立て直そうとしたのです。西ローマ帝国は四七六年に滅びますが、東ローマ帝国は一四五三年まで約千年の延命に成功します。東ローマ帝国は、別名「ギリシャ帝国」と呼ばれます。首都をコンスタンチノープルに遷《うつ》し、ローマ教会の影響力を排除します。皇帝自身がキリスト教世界の首長であると宣言したのです。これがギリシャ正教会（東方正教会）の始まりです。

残されたローマでは、教皇が皇帝よりも威張り散らします。帝国が滅び皇帝がいなくなった後も、国王や貴族よりも威張り散らします。どれくらい威張っていたかというと、「お前は今から皇帝だ！」とフランク王国の王様に無理やり西ローマ皇帝の冠をかぶせるほどです。そして、西ローマ帝国の復活を宣言します。皇帝は、後に「神聖ローマ皇帝」と呼ばれるようになります。

教皇庁の霊感商法

そんな教皇に、皇帝も国王も貴族も黙って従うとは限らず、ヨーロッパでは慢性的に抗争が繰り広げられます。そして、時に抗争しながらも癒着します。当然、腐敗します。

そうした教会を頂点とした在り方に異を唱える人も出ます。宗教改革です。

宗教改革の先駆けは、イングランドのオックスフォード大学神学教授ジョン・ウィクリフです。ウィクリフは一三七六年頃から、ローマ・カトリック教会のやり方を批判し、「聖書に戻ろう」と主張します。バチカンが好き勝手にできないよう、ラテン語で書かれていた聖書の英語訳もしました。ウィクリフは死後三十年を経て、一四一四年にバチカンから異端とされます。異端認定されてから十三年後に、ウィクリフの墓が暴かれ、遺体（といっても、土葬なので白骨）が火炙りにされました。

ローマ教会の腐敗で有名なのは、贖宥状《しょくゆうじょう》です。贖宥状は、免罪符とも呼ばれる、「これさえ買えば天国に行ける」とされた御札《おふだ》です。しかも、「既に死んだ人でも、その人の分の贖宥状を買えば、その人は天国に行ける」という触れ込みでした。信じた人々は贖宥状を求めて殺到しました。完全な霊感商法です。現代でも人を不安にさせておいて、「これで救われる」と壺や印鑑、仏像などを法外な高値で売りつける、悪徳商法、霊感商法があります。やり方は同じです。

ローマ・カトリック教会が贖宥状というデタラメをやっていると批判したのが、プラハ大学教授で聖職者のヤン・フスです。一四一五年、ヤン・フスは騙し討ちで捕らえられ、裁判と称する一方的な糾弾の末に異端とされ、火炙りにされました。フスを支持した人たちは一四一九年から三六年にかけてフス戦争を起こしたものの、敗北します。フスは今でもチェコの英雄です。チェコは当然プロテスタント国ですが、宗教紛争はコリゴリだという風土が強いとか。

当たり前でしょう。

ルターはネトウヨの元祖

ウィクリフ、フスに続いて、ローマ・カトリックに抗議（プロテスト）したのが、ドイツ・ザクセン出身のマルティン・ルターです。ルター以降、ローマ・カトリックに抵抗する人たちが、プロテスタントと呼ばれました。

一五一七年、ルターは「九五カ条の論難」を発表します。ラテン語で書かれた「九五箇条の論難」は直後にドイツ語訳され、当時、普及の途にあった活版印刷されたのも手伝って、たちまちの内にドイツ全土に広まりました。ルター訳聖書は他の言語にも翻訳され、ヨーロッパ中に知れわたります。要するに、「バチカンの言っていることはデタラメばかりだ」と宣伝したのです。ローマ教皇庁の支配に反発していた人がルターを応援し、プロテスタントに改宗します。

二十一世紀の世界で、インターネットが活用されているのと同じです。ネットがない時代は、テレビや新聞のようなマスコミが報道したことがすべてです。一般人は検証のしようがありません。ところがインターネットが登場してから、「ソースを見ればテレビや新聞の言っていること全然違うぞ」と批判が拡散されるようになりました。ソースとは大抵の場合出《で》所《どころ》の意味です。特にインターネット上の情報（ソース）を根拠に保守的な主張をし、既存メディアを「マスゴミ」と批判する人たちのことは、「ネトウヨ」と呼ばれます。「ネット右翼」の略称です。

最新メディアを使って既成の権威を叩くルターは、ネトウヨの元祖です。より正確に言えば、ネトウヨこそルターの縮小コピーと言うべきでしょうか。時代やツールが変わっても、人間のやることとは変わらないものです。ただしルターは、ネットで保守っぽいことを言って憂さ晴らしをしているようなネトウヨ如き、甘っちょろい人物ではありません。それどころか、麻原彰晃ごとき小物など裸足で逃げ出すような、カルト宗教の教祖です。サリンをまいた後、「私はやってない」などと胡麻化すような根性なしではありません。

では、どれくらいカルトか。

ルターも「贖宥状を発行してはならない」と唱えました。日本の歴史教科書は、ルターのこの主張を「カトリック教会が金《かね》で天国に行かせるなどは腐敗だと言っている」と解釈しているのは誤りです。まるで見当違いです。

ルターはプロテスタントの預定説に基づいて「神がこの世を造り、すべては神によってあらかじめ決められている。よって天地開闢《かいびゃく》のときから、人類最期の日に天国にいく人間と地獄にいく人間とは予《あらかじ》め定められている。そこには人間の自由意志などはない。それなのに、教会が贖宥状などと怪しげな御札を出して、神によって地獄にいくと決められた人間をも、これさえあれば天国にいけるなどとやっている。教会は何をやっているのだ」と糾弾したのです。

「人間に自由意志などない」とする一神教

確かに、カトリックは悪徳宗教です。しかし、金《かね》で解決できるというのは妥協ができる証です。金で解決できる宗教は、実は穏健なのです。

一方のプロテスタントは「人間に自由意志などない」と考える宗教原理主義者です。だから、カルトです。キリスト教の宗教原理主義者にとって、金で解決するなどはもってのほか。教えに反するのですから、妥協できません。

ルターはバチカンから破門されます。破門とは、今風に言えば「人権剥奪」という意味です。人ではないのですから、拷問にかけようが、殺そうが、死体を火炙りにしようが、自由です。敵につかまれば、何をされるかわかりません。バチカンから破門されたルターを保護したのが、ザクセン選帝侯です。

選帝侯とは神聖ローマ皇帝を選ぶ権利を有する貴族で、僅か七名しかいない有力特権貴族です。ザクセン侯は自分の城にルターを匿い、ルターの宗教改革を支援します。

これと似た現象が最近でもありました。イスラムの金持ち国家が、金と隠れ家を提供して、イスラム過激派組織のイスラム国（ＩＳ）ことダーイッシュに暴れさせていたのと同じです。

一五二四年にドイツ農民戦争が起こったとき、最初、ルターは農民たちを支持しました。ところが、次第に農民たちが過激化し、ルターのスポンサーであるザクセン侯に対しても反乱を起こすと、一転してルターは農民を裏切ります。「封建領主に逆らう農民などは狂犬と同じだから殺さねばならない」とまで宣言します。

ルターは、金で妥協したわけです。

カルヴァンと日本国憲法

そんなルターを糾弾する勢力が登場します。ルターに対して「カトリックを批判する態度が生ぬるい」というのです。

ルターを非難したのは、ツヴィングリという司祭です。ツヴィングリは、ルターが「九五カ条の論難」を出したのと同じ頃に、スイスで宗教改革を始めます。ツヴィングリはルターに影響を受けながら、ルターをはるかに超える過激な思想で宗教改革を実行しようとします。最初、ツヴィングリは共同戦線を張ろうとし、ルターと会談するも、パンと葡萄酒による聖餐に関する考えの違いから互いに相容れません。ルターは聖別されたパンと葡萄酒にキリストの血肉が現実に存在していると考え、片やツヴィングリは聖餐のパンと葡萄酒はキリストの血肉の象徴であると考えたからです（小田垣雅也『キリスト教の歴史』講談社学術文庫、一九九五年）。

ツヴィングリ派は過激化の一途でした。なかでも、ツヴィングリ派最左翼と見られていたのが再洗礼派です。ツヴィングリの教えを受け、さらに改革を徹底させようとして、幼児洗礼を否定する一派です。幼児のときに洗礼を受けても、それは自分の意志ではないからダメだ。大人になってからもう一度自分の意志で洗礼を受けよ、という考えをもっていました。それでは幼児のまま死んでしまったら天国にいけないではないかという反論が出るなど、他宗派の者にとっては何が争点なのかさっぱりわからないものの、本人たちにとっては大問題で、遂には殺し合いを始めてしまいます。

急進化するツヴィングリ派を潰そうと、ローマ教皇や神聖ローマ皇帝をはじめとするカトリックはもちろんのこと、プロテスタントもツヴィングリ派以外のすべてが加わり、結束します。ツヴィングリ派のほうは二つに割れ、まだマシなほうはカルヴァン派に吸収され、最過激派のほうは戦って殲滅《せんめつ》されてしまいます。ツヴィングリ自身も一五三一年に戦死しました。

かくして、「悪徳宗教カトリックvs.カルト宗教プロテスタント」の構図に加え、プロテスタントどうしの抗争もエスカレートしていきました。

ルターを批判したのは、ツヴィングリだけではありません。

やはりルターの影響を受けながらも、ルターの妥協した態度を「日和った！」と非難して興ったのが、カルヴァン派です。

創始者のジャン・カルヴァンは神学と法律を学び、著作『キリスト教綱要』（一五三六年）でプロテスタントの旗頭と目された人です。パリでプロテスタント弾圧が強まると、カルヴァンはスイスに逃れ、ジュネーブで宗教改革を始めます。最初はカルヴァンのあまりの厳しさが受け容れられず、ジュネーブから追放されます。本格的な改革は一五四一年、二度目にジュネーブに招かれたときからでした。

カルヴァンから見ればカトリックもルター派も〝同じ穴の狢《むじな》〟です。

カルヴァンの厳しい批判が、双方に向けられます。カルヴァンの改革は、キリスト教の教えに厳格に則り、一般市民の生活までを厳しく律しました。カルヴァンのやり方は「神権政治」とも呼ばれた、恐怖政治でした。「夜回り隊」と言って、市民が正しい生活をしているかを確認しに来ます。「正しい生活」とは、カルヴァンの言いつけを守っているかどうかです。たとえば、夜は早く寝なければなりません。音楽など聴いていたら、堕落です。夜回り隊が家の中に入ってきて、夜の九時に家で音楽を聴いている市民を見つけると逮捕連行していき裁判にかけます。当然、宗教裁判ですから、泣いて謝る以外、捕まった市民には助かる方法がありません。裁判官が気まぐれを起こさない限り助かりません。

完全な人権侵害です。こうした人権侵害の歴史への反省は、日本国憲法にも書き込まれています。

日本国憲法

第三十一条

何人も、法律の定める手続によらなければ、その生命若しくは自由を奪はれ、又はその他の刑罰を科せられない。

第三十三条
何人も、現行犯として逮捕される場合を除いては、権限を有する司法官憲が発し、且つ理由となつてゐる犯罪を明示する令状によらなければ、逮捕されない。
第三十四条
何人も、理由を直ちに告げられ、且つ、直ちに弁護人に依頼する権利を与へられなければ、抑留又は拘禁されない。又、何人も、正当な理由がなければ、拘禁されず、要求があれば、その理由は、直ちに本人及びその弁護人の出席する公開の法廷で示されなければならない。
第三十五条
何人も、その住居、書類及び所持品について、侵入、捜索及び押収を受けることのない権利は、第三十三条の場合を除いては、正当な理由に基いて発せられ、且つ捜索する場所及び押収する物を明示する令状がなければ、侵されない。
2　捜索又は押収は、権限を有する司法官憲が発する各別の令状により、これを行ふ。
第九十七条

この憲法が日本国民に保障する基本的人権は、人類の多年にわたる自由獲得の努力の成果であつて、これらの権利は、過去幾多の試錬に堪へ、現在及び将来の国民に対し、侵すことのできない永久の権利として信託されたものである。

読んで字の如く、日本国憲法第三十一条〜第三十九条（ここでは四カ条だけ紹介）に書かれている権利は、カルヴァンが支配していたジュネーブでは何一つ守られていません。というより、こういう守らない奴がいたから、憲法の条文に書き込まなければならないのですが。宗教原理主義者に支配されると、人が人として扱われなくなるのです。

人権とは、こうした人権侵害の歴史の反省の上に立って存在しています。日本国憲法第九十七条ではご丁寧に「人類の多年にわたる自由獲得の努力」と、歴史の反省が書かれています。この場合の人類とは、西洋人のことです。なぜ、日本人の憲法で西洋人の歴史を反省しなければならないのか不明ですが、そこは大人の事情ですから気にしないことにしましょう。

金儲けは天国への証？

さて、カルヴァン派もスイスでスポンサーを見つけて、増殖していきます。ルターがやったのと同じ方法です。ただし、スイスは王様がいない共和国なので、商人たちがスポンサーになるところが、特定の貴族がスポンサーになったルターの場合とは異なります。

スイスに始まり、金持ちのオランダにも広がり、そのままアメリカ大陸に渡り、アメリカ合衆国を作ってしまったというのが、カルヴァン派です。

この三つのカルヴァン派の国には、特徴があります。金融大国だという事実です。カルヴァン派がカトリックやルター派を向こうに回して互角に戦えたのは戦闘力があったからですが、それを支える経済力もありました。なぜカルヴァン派の国は経済大国の道を歩むのか。それを説明しようとの試みはあります。

曰く。カルヴァン派は預定説を取るプロテスタントですから、神によってすべてが決められていて、人間に自由意志はないと考えます。神がどのような基準で、天国にいける人間と地獄にいく人間を決めるのか、それは人間には計り知れません。しかし、物事は論理的に推し量れるはずだと彼らは考えます。神が、神自身を信じない人間を天国に送るはずがない。だから、神を信じなければいけない。そして、世俗で金儲けをして成功したのは神に救われたという証であろうと。

ただし、「金儲けに成功したのは天国に行ける証だ」という点に関しては何も根拠がありません。彼らがいろいろな理屈を述べてはいても、『聖書』のどこにもそんな記述はなく、彼らのまったく勝手な論理でしかありません。むしろ、『聖書』では「労働は罪」と逆の内容が書かれています。伝統的なキリスト教文化、特にカトリックでは労働はアダムが神様からリンゴを盗んだ罰なのです。その証拠に、フランス、イタリア、スペイン……ラテンのカトリックの国に勤勉を美徳とする文化はありません。

カルヴァン派は自分たちの論理によって『聖書』に書いてある内容をひっくり返しました。

一般論ですが、宗教原理主義者が聖典に書いてあることを勝手な解釈をする、書いてないことを言い出す、書いてあることと逆を言い出す、というのはよくある話です。

たとえば、アフガニスタンのタリバンはイスラム原理主義者と目されていましたが、バーミアンの遺跡を破壊しました。バーミアンの遺跡は貴重な仏教建築です。では、コーランのどこに、そんなことをやれと書いているのか？　すべて、タリバンの勝手な解釈です。

とにもかくにも、カルヴァン派は独自の論理で、禁欲的かつ勤勉に働いて金を儲ければ、終末の日に神様に天国に連れて行ってもらえる、それが神に愛されている証拠だと考えます。カルヴァン派は一生懸命働いて金儲けをするので、カルヴァン派のスイス、オランダ、そしてアメリカが経済大国になっていったのです。

というのが、ドイツの社会学者で経済学者のマックス・ウェーバーが『プロテスタンティズムの倫理と資本主義の精神』で説明した論理です。ウェーバーは、プロテスタントの国で資本主義が始まったとするぐらいです。

十字軍は宗教戦争です！

日本人の多くは宗教戦争を「宗教が理由で始まる戦争だ」と勘違いしています。そういう人が歴史学者にいると大変です。一生懸命に事実関係を調べて、宗教的理由以外の原因を探してきて、「この戦争は宗教戦争ではない！」と言い出すのを学問だと勘違いしています。そもそもの定義が間違っているので、奇跡《マグレ》が起きない以外は間違うに決まっています。その結果、「十字軍は宗教戦争ではない」などと言い出す人がいます。

もちろん、ローマ教皇庁の宗教的動機だけで十字軍が始まったわけではありませんし、経済的要因などもあります。しかし、十字軍が宗教戦争でなければ何なのか。日本の高校世界史や予備校の授業で、「十字軍は典型的な宗教戦争です」と解説が始まり、途中で「かくかくしかじかの理由で十字軍は宗教戦争ではありません」などと教えられたら、生徒は混乱するしかありません。間違いや、曖昧な定義で議論すると、辻褄が合わなくなります。説明がつかない定義は、間違いなのです。

宗教戦争でも、開戦事由などは、何でもいいのです。金、土地、女の奪い合い、等々。もちろん宗教も。戦争というのは、いろいろな理由が複合して起きるものなので。

バルタン星人と十字軍

では、宗教戦争の定義とは何でしょうか。

宗教によって敵味方が分かれ、宗教を理由に戦争がやめられない戦争です。十字軍は、典型的な宗教戦争です。十字軍の事実関係は、小著『誰も教えてくれない真実の世界史講義　中世編』（ＰＨＰ研究所、二〇一八年）で書いておきましたので、宗教の観点から要点を説明します。

ローマ教皇庁は、紀元一〇〇〇年で世界が滅ぶという終末思想で人々を散々煽ってきました。ところが、紀元一〇〇〇年を過ぎても地球は滅びません。疑問に思い始めた人々の関心をそらし、自分たちのそれまでの所業を胡麻化すために始めたのがイスラム教徒に対する十字軍でした。キリスト教徒が十字架の印を身につけて参加していたところから、「十字軍」と呼ばれました。十字軍とは、そうした背景のもと、キリスト教徒が聖地イェルサレムを取り戻そうと、イスラム教徒に仕掛けた「聖地回復」の戦いです。これに諸侯や商人の思惑も絡みますが、教皇が「十字軍」を宣言しなければ、戦争は始まりません。

イスラム教徒にとっては大迷惑極まりません。彼らから見れば、十字軍など侵略者以外の何ものでもありません。客観的に見ても十字軍など、自分をウルトラマンだと思い込んでいるバルタン星人です。世の中に、自分を正義だと思い込んで疑わない悪人ほど手におえない者はありません。ちなみにバルタン星人と十字軍の共通点は、負けても負けても何度でもかかってきて、そのたびに作戦がヘンテコリンになっていくことです。

念のため、知らない方のために解説しておくと、バルタン星人とは、日本を代表する人気特撮シリーズ『ウルトラマン』に出てくる宇宙人です。ウルトラマンは何度もシリーズ化され、昭和に放送された本編だけで七作品あるのですが、作品中で六回も地球を侵略しに来ています。詳細に興味がある方は、『ウルトラマン』二・一六・三三話、『帰ってきたウルトラマン』四一話、『ウルトラマン80』三七、四五話を御覧ください。

閑話休題。宗教戦争は正義の戦いなのですから、やめられません。やめたら悪と妥協したことになります。だから、どちらかが皆殺しにされるまで終わらないのが宗教戦争です。対立する両者の力が下手に拮抗していると、長引きます。そして、しつこい方が勝ちます。

キリスト教徒とイスラム教徒、どちらがしつこいか。キリスト教徒です。

イスラム教は「コーランか貢納か剣か」の言葉で知られます。この言葉が、妥協を意味しています。要するに、税金を納めればイスラム教に改宗しなくてもいいのです。むしろ、改宗しない方が、税をたくさん集められます。このあたり、開祖のムハンマドが商人だったので、どうやったら儲けられて勢力を拡大できるだろうかとの発想が読み取れます。改宗もしないわ、税も払わないわ、つまり屈服しないなら戦え、というだけの話です。少しムハンマドの言行を知ればわかりますが、イスラムの教えは善悪ではなく利害が中心となって構成されています。

これに対し、キリスト教は長らくイスラム教に劣勢だった歴史もあり、己の正義にこだわります。己の正義にこだわるとは、裏切り者を許さないということです。

お遊びだった大航海時代

その傾向が最も顕著なのが、ポルトガルとスペインがあるイベリア半島です。イベリア半島はイスラム教徒に七百年間も支配されましたが、しつこく抵抗し続けていたら、いつのまにか勝っていました。裏切り者を異端審問で殺し続けながら、自分たちが正しい教えだと信じるキリスト教の信仰を守り、心では屈服しなかったから勝ったのです。七百年かけて。

ちなみに、そういう人たちが物欲に目覚めると、緊張の糸が切れて衝動が止まらなくなります。スペインとポルトガルはイスラム教徒に勝った勢いでもって、アフリカ、中南米、そしてアジアのフィリピンまで出て行きました。彼らによって、そうした地域の有色人種たちが征服されてしまいます。それが大航海時代です。大航海時代というのは、イベリア半島の人たちにとっては余勢を駆ってのお遊び以外の何ものでもありません。七百年間かけて勝ったボーナスステージ、自分へのご褒美です。征服した人・土地・資源は、戦利品です。白人がボーナスステージとして、有色人種を面白半分にハンティングしたのが大航海時代であり、ハンティングした有色人種を殺したり、奴隷にしたりしたのが植民地です。そんな植民地を持つのを奨励するのが、後に帝国主義と言われるようになります。

ただ、ヨーロッパ人は基本的に田舎者です。田舎者なので、あくまでも目の前のヨーロッパ半島での出来事がメイン・ストリームです。遠いアフリカや中南米での出来事よりも、ヨーロッパでの宗教戦争の方が、圧倒的な重大事です。

たとえば、あなたが火星に広大な金鉱を持っていたとしましょう。大財産家です。でも、隣の家で火事があったとしたら、どうでしょう。しかも、ボヤが日常茶飯事だとしたら。火星に持っている金鉱など、二の次になるに決まっています。宗教戦争が隣の火事、大航海時代で植民地にした有色人種は火星。当時のヨーロッパ人にとって、最大関心事は宗教問題なのです。

ちなみに、グロティウスは東インド会社で働いていましたが、インドなどに愛着はなく、死ぬまで故郷のオランダに帰りたがっていました。人間の心理として当然でしょう。

十七世紀のヨーロッパ人は、ほぼ〝動物〟

ヨーロッパで三十年戦争が勃発する直前の日本は、大坂冬の陣（一六一四年）と続く大坂夏の陣（一六一五年）が終わり、天下太平を謳歌し始めていました。大坂の陣の時点で関ヶ原の戦いから十五年が経ち、すでに〝平和ボケ〟していた、ノンキな時代です。余談ですが、戦国の動乱を知る老将たちは、若い者の不甲斐なさに嘆息していたとか。

では、同じ頃のヨーロッパを取り巻く状況は、どうだったでしょうか。

ヨーロッパは戦争が〝日常〟、平和は〝非日常〟でした。のべつ幕なしに戦争をやっていたからです。

この時代のヨーロッパ人は、ほぼ〝動物〟だと思ってください。戦乱が日常だったという点では同じでも、戦国時代の日本人のように理性的ではありません。人間の姿をした動物です。野生のライオンのようなものでしょうか。

百獣の王であるライオンには、天敵がいません。最大の敵は、他のライオンです。ライオンは、狩り場となる縄張りの奪い合いで生きています。人間と同じです。草食動物を狩るのは雌ライオンの仕事で、群を守るのが雄ライオンの仕事です。負けた雄ライオンは殺され、その雄ライオンの仔も皆殺しにされます。

ヨーロッパ中で戦争が〝日常〟だった主要因は、三つです。

第一の要因は、対オスマン・トルコ関係です。当時のヨーロッパ全員が束になってかかっていってもかなわない、オスマン・トルコ帝国の脅威があったというのが大前提です。「ヨーロッパの火薬庫」であるバルカン半島一つをとっても、この時期はオスマン領です。国境を接するヨーロッパ諸国はトルコの侵攻に備え、常に臨戦体制でした。最前線にあるハプスブルク皇帝家は、国境を固めて備えます。いざとなれば要塞に籠り、全ヨーロッパに援軍を求めて耐え抜く戦略です。その要塞の名はウィーン、帝国首都です。実際、トルコに二度も包囲されています。

第二の要因は、ハプスブルクとフランスの、カトリックどうしの飽くなき抗争です。とにかく両者は仲が悪く、フランスはハプスブルクの支配を受けたくないとの理由で屈服しません。

ハプスブルクに逆らうのはフランスだけでなく、スイスやイタリアもそうです。また、オランダも独立戦争を挑んでいます。

宗教戦争には終わりがない

そして第三にして、最大の要因が宗教戦争です。

あちらでもこちらでも、悪徳宗教カトリックに対して、カルト宗教プロテスタントが反旗を翻し、ローマ教皇側に付くか、反カトリックに付くかという争いが起き、さらに、ルター派よりももっとカルトで過激なカルヴァン派がカトリックとルター派の双方にケンカを売るという、三つ巴で潰し合いです。

それに加えて、カトリックもカトリックで、フランスとハプスブルクが内ゲバです。ことほどさように、複雑極まりない戦いがヨーロッパ大陸の中で延々と繰り広げられていました。これで悲惨にならないわけがありません。

普通、三十年戦争と言えば、今のドイツ・オーストリア・チェコが中心と看做されています。しかし、現実にはヨーロッパ中で殺し合いが行われていました。

ライオンのようにエサを求めて戦うならば妥協ができますが、宗教戦争には終わりはありません。なにせ、紛争当事者の全員が自分を正義だと信じて疑わないのですから。

そこら中に火種、というより既に大火事になっている地域ばかりですが、状況を確認しましょう。

辺境の地のブリテン島でも、宗教戦争が行われていました。

国王のヘンリー八世が「離婚したい」という勝手な理由からローマ・カトリックと縁を切り、その結果、一五三四年にイングランド国教会が成立します。イングランド国教会とは、中身はカトリックでありながら、バチカンに逆らったのでプロテスタント扱いされる教会です。イングランド国教会が成立したとはいえ、もともと多数派はカトリック教徒です。国王の代替わりのたびに、即位した王や女王がどちらの信仰を選ぶのかというたびに、宗教戦争になっています。ブラッディーメアリー（血まみれメアリー）と言えばカクテルの名前ですが、語源はプロテスタントを殺しまくった女王の名前です。

一六四二年の清教徒革命は、狂信的なカルヴァン派で預定説の信奉者であるオリバー・クロムウェルが引き起こし、時の国王チャールズ一世をギロチンで殺してしまいます。七年の内戦に勝利したクロムウェルは一六五八年に死ぬまで王制を廃止して独裁政治を敷きます。

三十年戦争が始まる前、ヨーロッパで最も宗教戦争が激しかったのがフランスです。フランスの宗教戦争が激化したのは、一五三四年のパリ檄文事件からです。

パリ檄文事件とは、カルヴァン派が時のフランス国王フランソワ一世の寝室の扉にまで、檄文を貼った事件です。どうやって宮殿に入り、国王の寝室にまで近づくのが可能だったのか。宮中にまでカルヴァン派の手の者が入り込んでいたのでしょう。つまりは、国王がいつでも暗殺される危険性があったという意味です。

「フランス三国志」始まる

国王とカトリックは、カルヴァン派の大弾圧を始めます。カルヴァン派の最初の拠点はフランスだったのですが、この大弾圧をきっかけにカルヴァンはスイスに拠点を移します。なお、フランスのカルヴァン派はユグノーと呼ばれますが、弾圧は内戦と化します。ユグノー戦争です。この戦争を通じて多数派のカトリックも一枚岩ではなく、王党派を生ぬるいとする強硬派が常に反発し、三つ巴《どもえ》で殺し合いをしていました。いわば「フランス三国志」です。

ユグノー戦争は、一五六二年にカトリック派がプロテスタントを殺害したヴァシーの虐殺をきっかけに始まり、一五九八年、アンリ四世がナントの勅令を出して、条件付きながらもプロテスタント信仰を認めるまで続きました。カトリックによるプロテスタント大虐殺事件です。

そして、ユグノー戦争最終段階に起きた三アンリ戦争（一五八五～八九年）も悲惨極まりない殺し合いでした。王位継承をめぐる対立と宗教対立とが重なったからです。三アンリとは、当時のフランス国王アンリ三世、カトリックの首領ギーズ公アンリ、そしてユグノーのナバール公アンリの三人です。三人のアンリは幼馴染みでした。宗教問題と王位継承問題が絡んだ、幼馴染みによる三つ巴の殺し合いが三アンリ戦争です。

三アンリ戦争で勝ち残り、フランス国王になったナバール公アンリ、すなわちアンリ四世は宗教的な寛容を認めたばかりに、最期はカトリック強硬派に暗殺されます。

フランスはこんなことをやっていたのですが、西隣のスペインやポルトガルはアフリカやアメリカへの侵略に大忙しです。東隣のオーストリアのハプスブルク本家は、宗教戦争の中心です。ドイツ北部と北欧で広がるプロテスタントを大弾圧します。

反発するプロテスタントの中心は、北欧では大国だったデンマークとスウェーデンです。ヨーロッパの東端のポーランドは、敬虔なカトリックの大国です。ヨーロッパの北部では、この四カ国が中心となって抗争しています。

当時のヨーロッパ人が激烈なのは、どこの国も反乱が頻発し、そのたびに内戦を繰り広げているのですが、同時に外国と戦争していることです。日本ならば「応仁の乱をやりながら朝鮮出兵」など、誰も考えつきもしないでしょう。しかし、ヨーロッパは内戦と外征を同時並行にやるのが日常です。

西はブリテンから東はポーランドまで、当時のヨーロッパでは、戦争が日常で、平和は非日常なのです。

三十年戦争——極悪人が宗教戦争を止めた

戦いが〝日常〟だったヨーロッパで、すべてが巻き込まれていくのが、三十年戦争です。ただし、今日では「三十年戦争」の名称で知られてはいても、一六一八年に始まった戦争が、一六四八年に終わったという意識の人間は一人もいません。

「三十年戦争」とは、一六一八年にボヘミア戦争で始まった戦争が、一六四八年のウェストファリア条約で終わるというところに意義を見出した命名です。ドイツ史家の菊池良生先生によると、「『三十年』という語と『戦争』という語の単数形がドッキングし『三十年戦争』なる合成語ができたのは、一六六七年に出たプーフェンドルフ著『ドイツ帝国』が嚆矢《こうし》らしい」とのことです（菊池良生『戦うハプスブルク家』講談社現代新書、一九九五年）。

そもそも「三十年戦争」の呼称自体、何の客観性もない、特定の偏った歴史観による言い方です。たまたま、皆がその呼称を世界の多数派として受け容れているだけの話です。ただし、分析枠組みとしては便利なので、本書でも使わせてもらいます。

三十年戦争が始まった一六一八年から、終わりとされる一六四八年のあいだに、おおまかにいって、四つの時期に四つの戦争がありました。三十年戦争とは、これら四つの戦争の総称です。

第一期：一六一八～二三年、ベーメン（ボヘミア）・プファルツ戦争
第二期：一六二五～二九年、デンマーク戦争
第三期：一六三〇～三五年、スウェーデン戦争

第四期：一六三五〜四八年、フランス・スウェーデン戦争

これとて、それぞれの時期の戦争の中心面を集めただけの記述です。教科書などにもよく「三十年戦争は四期に分けられます」などと書いてありますが、実際の戦争はこんなに整然とはまとめられません。たとえば、第四期のフランス・スウェーデン戦争は、フランスは神聖ローマ帝国とスペインの両方、つまりは両ハプスブルク家に宣戦布告します。フランスは神聖ローマ帝国とは一六四八年にウェストファリア条約で和解しますが、スペインとはさらに一六五九年まで戦いが続きます。今の我々現代人が思い描くような、どの国とどの国が宣戦布告をして、講和条約を結んで終わりというような戦争は、当時はありませんでした。

第一期から第四期までの戦いを眺めると、どんどん、講和の期間が短くなり、それとは逆に戦いの期間が長期化しているという事実に気づきます。

四つの戦争はなぜか、ハプスブルク家とバチカンに対して楯突いた連中の名前をとって呼ばれていると気づいても、気にしすぎないようにしてください。これも恣意的な命名ですから。

四つの戦争を、概観しておきます。

第一期のボヘミア戦争です。一六一八年五月二十三日に起きた、プラハ窓外放擲《ほうてき》事件がきっかけでした。

ボヘミア王であるハプスブルク家のフェルディナント（のちの神聖ローマ皇帝フェルディナント二世）の使者としてやってきたカトリックの神父と代官を、ボヘミアのプロテスタント教徒が塔の上からぶん投げたという事件です。比喩ではなく、〝デッドリードライブ〟です。ちなみに、フェルディナント二世は敬虔なカトリック教徒で知られ、プロテスタント弾圧に強硬的でした。この事件の翌年、神聖ローマ皇帝に就いています。

この事件をきっかけに、神聖ローマ帝国内のカトリック支配に対して、プロテスタントが反旗を翻し、帝国内の諸侯がどちらにつくかで割れてしまいました。当初、プロテスタントでもルター派は他人事として見ていただけですし、「カルヴァン派は勝手にやれ」というのはマシな態度で、足を引っぱりさえしていました。

プロテスタントの貴族たちは、カトリックのハプスブルク家を追い出そうとして、プファルツ選定侯フリードリヒ五世を王として担ぎだしました。ちなみに、フリードリヒ五世の王妃は、イングランド国王ジェームズ一世の王女エリザベスです。

そうはさせじと、フェルディナント二世はプロテスタントのザクセン選帝侯を味方につけ、プロテスタント側を粉砕します。こうして三十年戦争が始まりました。

神聖ローマ皇帝に就いたフェルディナント二世がボヘミアを大弾圧し、ボヘミア戦争は皇帝側の勝利で一応の終息をみました。

その停戦期に登場するのが、フランスの「黒衣の宰相」リシュリューです。

一六二四年、リシュリューがルイ十三世の宰相に就任したと思いきや、プロテスタントのオランダ、デンマーク、スウェーデン、イングランドに呼びかけて、対ハプスブルク同盟を裏で結びます。ところが、自分は金と口しか出さず、血を流しません。裏ではプロテスタントを結束させる陰謀を張り巡らせながら、表向きは敬虔なカトリック国家として中立を装います。

リシュリューの得意技は〝うそ泣き〟

ここで、リシュリューを紹介しておきましょう。

その名は、枢機卿《すうきけい》およびリシュリュー公爵アルマン・ジャン・デュ・プレシー・ド・リシュリュー。枢機卿とはカトリック教会でローマ教皇に次ぐ高位の聖職者で、ローマ教皇の最高顧問です。ローマ教皇の選出権を有し、教皇の補佐、教会の行政にも携わります。リシュリューは形式的には、ローマ教皇の下にいるフランス代表という位置でした。この時代のフランスで枢機卿は、実質的な宰相です。かなりの気まぐれだったフランス国王ルイ十三世に仕え、十八年間宰相を務めました。ルイ十三世はリシュリューが死ぬまで手放しませんでした。

リシュリューは、小説家アレクサンドル・デュマの小説『三銃士』の悪役としても有名です。ただ、悪役とはいえ、悪い奴だけど私心がないピカレスクヒーローのような描かれ方もされ、かなり尊敬を集めている人です。

小説で描かれた通り、ハプスブルクを目の敵にしていたリシュリューは、ルイ十三世の王妃アンヌ・ドートリッシュに嫌われ対立します。王妃アンヌがスペイン・ハプスブルク家出身だったからです。『三銃士』では、リシュリューがその王妃を浮気のネタでゆするシーンがよく登場するのも印象的です。

リシュリューの得意技は、〝うそ泣き〟です。王妃の讒言《ざんげん》で窮地に陥るたびに、リシュリューはルイ十三世を泣き落とします。また、上は宮廷貴族から下は売春婦や乞食に至るまでの張り巡らされたスパイ網を持つ、インテリジェンスの達人でした。

完敗を喫した英国海軍

リシュリューは「私の第一の目標は国王の尊厳。第二は国家の盛大である」と公言しました。事実、国王の権力強化に生涯を捧げます。リシュリューがやったことには、理論的裏付けがあります。

ジャン・ボダンという人が『国家論』という超御用評論本で、「王権神授説」というウソ八百を書き並べました。要するに、王が宗教勢力と世俗貴族を叩きのめして、一つにまとまらなくてはダメだという内容です。これを、絶対主義といいます。ちなみに、ジャン・ボダンは現代でも有名なエコノミストでもあり、本業は実技を伴う魔女狩りの専門家でもあるという人です。

リシュリューは王権神授説の絶対主義を進めます。

国内的には決闘禁止令を出し、貴族を弾圧します。なぜ、決闘禁止令が貴族弾圧になるのでしょうか。

国家とは、他の者から暴力を取り上げるがゆえに、国家たり得るのです。今の日本政府を見てもわかるように、他のあらゆる存在から暴力を取り上げて、国が警察力、軍事力という暴力を独占しています。国が独占している検察や国税も実は暴力です。暴力とは、国民の権利を強制的に取り上げる力を指します。そして、正当性がある暴力を「権力」と呼びます。

当時は宗教貴族も世俗貴族も自分たちで暴力を持っていました。それを、あらゆる権謀術策と実力行使で取り上げたのがリシュリューです。決闘禁止令は、貴族の権力を取り上げる手段でした。

リシュリューは教科書通りに力尽くで、官僚制を構築し、常備軍を作り、重商主義をやり、諸侯と宗教勢力を鎮圧し、絶対主義をやりました。むしろ、今の教科書に出てくる絶対主義は、リシュリューのやったことの逆算と言った方が正確です。

三十年戦争の第二期は、デンマーク戦争です。

当時、デンマークはクリスチャン四世という国王が治めていました。クリスチャン四世は一五八八年の即位後、大海軍を作り、一六一一年、スウェーデンに仕掛けたカルマル戦争に勝利したデンマーク絶頂期の王です。

クリスチャン四世は、童話に出てくる王様を絵に描いたような王です。デブ男なのだけど、やたらと着飾り、威張っていても気はよくて、お調子者という王でした。

一六二五年に対オーストリアに参戦するも、ハプスブルクに返り討ちに遭います。この時プロテスタント同盟のイングランドは、金と傭兵を援助しただけでした。一方、カトリック側のポーランドはモスクワと交戦中でした。モスクワは後のロシア、この時点では辺境の蛮族扱いです。

この間、リシュリューは裏で自らが対ハプスブルク同盟を結んでおきながら、表ではカトリックのフリをします。ただし、戦争で「フリをする」というのは命がけです。血を流し、「フリ」を証明しなければなりません。だから自ら軍を率い、ラ・ロシェル包囲戦（一六二七～二八年）で、裏切ったプロテスタントのイングランド海軍を叩きのめしました。イングランド海軍が、フランスの王権に抵抗するユグノーと連携したからです。リシュリューに敗れたイングランドは事実上、三十年戦争から退場します。ラ・ロシェル包囲戦での敗北は、英国海軍が完敗を喫した、歴史的に珍しい事態です。

イングランドは、その後もフランスやスペインとの戦いが続き、反王党派貴族から不満の声が出ると対仏和平に転じます。一六三〇年、スペインに対して和約し、実質だけでなく形式的にも三十年戦争から撤退しました。この時の国王と反王党派の対立が、後のピューリタン革命（一六四二年）、名誉革命（一六八八～八九年）につながっていきます。

話をデンマーク戦争のその後に戻すと、皇帝の傭兵隊長ヴァレンシュタインに蹴散らされたクリスチャン四世は、一六二九年にあえなく三十年戦争から退場しました。

さらに、デンマークの行く末を先取りしておくと、同じプロテスタントでもライバルのスウェーデンと戦い（一六四三年）、ユトランド半島を占領されてしまいます。クリスチャン四世は片目を失ったものの、それでも何とかスウェーデンを撃退します。しかし、三十年戦争が終わってみると、バルト海の制海権をスウェーデンに奪われ、デンマークは小国に転落してしまいました。

徴税と略奪の内容は同じ

ここで、クリスチャン四世を倒した、神聖ローマ皇帝の傭兵隊長ヴァレンシュタインについて記しておきます。

ヴァレンシュタインは世界で一番有名な傭兵と言ってよいでしょう。もともとはボヘミアの小貴族で、三十年戦争のどさくさに紛れて神聖ローマ皇帝フェルディナント二世に取り入り、傭兵隊長として一気に成り上がります。

当時の戦争が悲惨なのは傭兵を使っていたからです。傭兵は戦闘よりも掠奪《りゃくだつ》が仕事でした。掠奪は給料に含まれていました。掠奪をやれば軍隊の進撃速度が遅くなります。それでも、ある程度の掠奪は認めないわけにはいきません。なにしろ、給料に掠奪が含まれているのですから、掠奪をやめるといえば、給料を減らすぞと言っているのと同じ意味です。そんな命令をしようものなら、隊長はたちまち槍衾を突きつけられるので、掠奪はやめられませんでした。

ヴァレンシュタインが強かったのは、掠奪と進撃速度の問題を画期的なやり方で解決したからです。徴税という方法でした。ヴァレンシュタインは皇帝から徴税権をもらい受け、兵には「徴税して給料として配るから、掠奪はするな。命令通り動け」と指示しました。

徴税と略奪は、権力によって正当化されているか、されていないかの違いだけで、やっている内容は同じです。税金とみかじめ料は、本質的に違いがありません。

ドイツ三百諸侯にとって、ヴァレンタインの徴税権は大いに疑問であり不満です。自分たちの利権を侵す行為だからです。そのうえ、我が物顔に振る舞うヴァレンシュタインの態度も目障りです。皇帝フェルディナント二世にとっても、十二万五千の兵を率いるヴァレンシュタインは脅威です。皆の思惑が一致したところで、ヴァレンシュタインは罷免されました。

ヴァレンシュタインが罷免されたのを、チャンスとばかりに、リシュリューがスウェーデンをけしかけ、神聖ローマ帝国内を攻めるように誘導します。リシュリューが出すのは、ここでも金だけです。血は流しません。

一六三〇年、第三期のスウェーデン戦争が始まります。このとき登場したのが、スウェーデンの天才将軍にして国王のグスタフ・アドルフです。

一六三一年、ドイツのライプツィヒ郊外、ブライテンフェルトの戦いで皇帝軍はグスタフ・アドルフの軍に大敗します。皇帝フェルディナント二世は、罷免したヴァレンシュタインを呼び戻しました。

スウェーデン戦争の結末を記す前に、まずは、グスタフ・アドルフの話を少し。

グスタフ・アドルフは、スウェーデンの絶頂期を切り拓いた王です。

正式にはグスタフ二世アドルフ。祖父がグスタフ一世アドルフです。グスタフ二世はスウェーデンを代表する王なので、グスタフ・アドルフといえば、二世のほうを指します。

幼少のときから英主と評判でした。ネイティブ並みに五言語、プラス六言語で、合計十一言語が話せたそうです。

ノヴゴルドという今のロシアの一部を、ポーランドと一緒になって占領し、当時のモスクワ帝国を蹂躙していきます。イワン雷帝亡き後の弱体化したモスクワを嬲《なぶ》り者にしました。

ロシアが最初から大国だったというのは単に勘違いです。この時代には、ロシアという国は存在せず、ポーランドやスウェーデンのほうが大国でした。ポーランドとスウェーデンにとって、モスクワは大きな草刈り場にしかすぎません。そして、巨大な草刈り場のモスクワで、スウェーデンはポーランドと飽くなき抗争を繰り広げていました。それがそのまま、三十年戦争に介入するという流れでした。東方正教のモスクワを刈るのには手を組むけど、ルター派のスウェーデンとカトリックのポーランドはソリが合わないのです。

三十年戦争がスウェーデンとカトリック戦争の段階に入って、局面が一気に激化します。掠奪はもちろん、どうしようもない拷問も起こります。

その名も「スウェーデンビール」。書くのも憚られるような拷問です。そのものズバリ、ウンコを食わせます。日本ではそんな拷問は、聞いたこともありません。ヨーロッパ人の拷問は拷問のための拷問で、理由がありません。

ライオンなど肉食動物が他の動物を殺すのは、生きるためです。理由のない殺人、ましてや拷問は、ライオンより野蛮です。

日本人では織田信長が残虐だと言われます。確かに、よく逆上して大量殺戮をしています。ただし、それは肉親を殺された復讐だとか、見せしめだとか、理由がある話です。信長がいくら残虐だといわれたところで、目的がない快楽殺人や快楽拷問はやっていませんから。そこがヨーロッパ人とは決定的に違うところです。

金でカタをつける傭兵たち

なお、傭兵を使うのが当たり前だったこの時代に、グスタフ・アドルフは国民兵を使いました。比較的珍しい例です。

傭兵は金で仕事をしているだけなので、死にたくもなければケガさえしたくありません。仕事をしているフリをするためには戦況報告も捏造します。死者が一人で、その死因は実は落馬だったのを、「大激戦でした」というように。平気でウソもつき、互いに買収や八百長もする、基本的に金でカタをつける人たちです。

傭兵どうしも、一種のギルド、職業組合みたいなものです。だから、愛国心なんて微塵《みじん》もありません。もっとも、その「国」そのものがない時代なのです、雇い主に対する忠誠心がないというのが正確ですが。

それでも重宝されたのは、傭兵はプロの戦闘集団なので個々人の戦闘能力は高く、農民に武器を持たせるより、ケンカに強いのは確かだからです。一般人を連れてきてプロの格闘家に勝てるようになるのに何年かかるかわかりませんが、軍隊もまた同じなのです。よほどの将帥が率いないと、国民軍など機能しないのです。

現に、何度もその試みは失敗しています。たとえばニコロ・マキャベリが、三十年戦争の百年余り前に作ろうとして見事に挫折しています。マキャベリが国民軍を作ろうとしたのは、個人技には強いけれど、十二人以上の団体競技には弱いイタリアでしたから、失敗は火を見るよりも明らかでした。マキャベリ理論は日本だったらできたかもしれませんが。

グスタフ・アドルフは信用できない傭兵は使わず、自ら国民を率いて戦場で戦いました。それができたので、スウェーデン軍は強かったのです。グスタフ・アドルフの渾名である「北方の獅子」が、その勇姿を物語ります。

さて、一進一退のスウェーデン戦争の結末です。

一六三二年、グスタフ・アドルフはリュッツェンの戦いでヴァレンシュタインに勝利します。が、戦死してしまいました。亡くなったグスタフ・アドルフのテントの中に、グロティウスの『戦争と平和の法』があったのは、第一章にも書きました。

一方のヴァレンシュタインは、最後は帝国大元帥という肩書を持つまでに至り、それが却って皇帝の不審を募らせ、一六三四年に暗殺されてしまいました。いくら功績をあげ、大出世しても普通は元帥までです。なお、大元帥は、日本でいうなら天皇陛下だけです。

二人の英雄の死で、大戦はクライマックスを迎えます。

いよいよ第四期の、フランス・スウェーデン戦争です。

転機は、一六三五年。それまで自分だけは安全地帯にいたリシュリューが、突如として乱入します。カトリックのフランスが、プロテスタント側についてしまったのです。フランスが参戦しなければ、交戦勢力はカトリック約四五万人、プロテスタント約四六万人とほぼ拮抗していました。しかし、フランス約一五万人がプロテスタント側についたので、数の上でプロテスタント陣営が優位になったわけです。

ここに、宗教だけで敵と味方を分けることができなくなってしまいました。つまり、宗教が理由で終われない戦争から離脱する余地ができたのです。

リシュリューは、当時のヨーロッパで極悪人と思われていました。実際、カトリックを裏切り、プロテスタントをけしかけて殺し合いを続けさせました。すべては自分が仕えるフランス・ブルボン王家の利益のためです。

極悪人リシュリューが悲惨な宗教戦争をやめさせました。そして、その悪こそが、文明を生んだのです。

信仰心ゼロのリシュリュー

人は、「仮借《かしゃく》なきリシュリュー。恐るべき枢機卿は人を支配するよりも粉砕する」と恐れるようになります。リシュリューはその生涯において、内外の敵を徹底的に粉砕し、屈服させていきました。

リシュリュー枢機卿は、カトリックの僧侶なのに、信仰心ゼロの生臭坊主です。反バチカン、反ハプスブルクの必要があるなら、プロテスタントとでも平気で手を組みます。リシュリューに限らずフランス特有の体質でしょうか、生き残るためならば異教徒のイスラムとでさえ手を結ぶ人たちです。いまさらプロテスタント側と組むぐらい、どうということはありません。そして、リシュリューの悪徳が文明をもたらします。三十年戦争は当時の世界の辺境であるヨーロッパ半島で起きた殺し合いにすぎませんが、その最終局面で起きた事態は今に至る全人類に影響を与えることとなるのです。

リシュリュー自身は、三十年戦争の結果を見ずに他界します。一六四二年、ウェストファリア会議が始まろうとする年でした。しかし、そこはさすがリシュリュー。マザランという後継者を用意していました。

ジュール・マザラン（Jules Mazarin）はイタリア人です。イタリア名はジュリオ・G・マザリーニ（Giulio G. Mazarini）。ローマ教皇に、教皇軍の隊長に任命された軍人でした。軍人から外交官となり、教皇の特使としてフランス宮廷に滞在し（一六三四～三五年）、その間にリシュリューに認められています。一六三九年にルイ十三世に招かれてフランスに永住し、一六四一年に枢機卿となります。一六四二年にリシュリューが、翌四三年にルイ十三世が相次いで亡くなった後は、幼いルイ十四世の摂政を務める母后アンヌ・ドートリッシュと協力し、実権を握ります。

マザランは、後に「太陽王」と呼ばれるようになるルイ十四世を幼少の頃から育て、リシュリューが描いたフランス絶対王政を実現させるべく奮闘します。

ウェストファリア会議――〝不思議ちゃん〟が文明をもたらした

一方のプロテスタント側にも、傑出した人物が登場します。スウェーデンのクリスティーナ女王、戦死したグスタフ・アドルフの跡を継いだ娘です。

父王によって男として育てられたクリスティーナ女王はひと言で形容するなら、〝不思議ちゃん〟です。

幼い頃からのエピソードもユニークです。祝砲の音を怖がるどころか、むしろ喜び、ロングのドレスも人形も嫌いで、手芸には不器用だけど、乗馬、狩猟、射撃が大好き。知識欲旺盛で、一日十二時間、休憩なしの勉強には側近のほうが音を上げる始末でした。

クリスティーナが六歳のとき、父王グスタフ・アドルフが戦死し、クリスティーナは王位に就きます。クリスティーナが成人するまでは、宰相オクセンシェルナを筆頭に五人の元老が摂政体制をとりました。

クリスティーナ女王は映画にも描かれています。往年のスウェーデン出身の名女優グレタ・ガルボが主演した『クリスティナ女王』（一九三三年、アメリカ製作）です。冒頭のシーンで、六歳のクリスティーナが王座に誰の助けも借りずよじ登り、文字通り王座につきます。可愛らしくも凛とした姿がなんとも印象的です。

クリスティーナは一八歳で親政を行うようになっても、学問への情熱は冷めません。次々と著名な学者を宮廷に招きます。ドイツの歴史学者フラインスハイム、ネーデルラントのギリシャ学者フォシウス、そして、人口に膾炙した「人間は考える葦である」で有名なフランスの思想家パスカルなどなど、到底挙げきれません。なかでも、クリスティーナ女王に後々まで大きな影響を与えたのが、哲学者のデカルトです。

デカルトはクリスティーナに招聘され、ウェストファリア講和条約が批准されてから三カ月後の一六四九年十月、ストックホルムに到着します。デカルトの出迎えにクリスティーナが提督と軍艦を差し向けているところからも、クリスティーナの学問への情熱と知識人への敬意がうかがわれます。

クリスティーナ女王の生涯も先取りしておくと、ウェストファリア条約締結後、一六五四年に二八歳で退位し、王位は従兄弟のカール・グスタフに譲ります。そして翌年、かねてより望んでいたカトリックに改宗すべく、国を出てローマに向かいます。ローマに至る途中のインスブルックで正式に改宗しました。

クリスティーナは一六八九年に六三歳で亡くなるまでの三十年以上をローマに住み、亡くなってからも、バチカンのサン・ピエトロ大聖堂に眠っています。

なおスウェーデンの〝不思議ちゃん〟、クリスティーナ女王の評伝には、下村寅太郎『スウェーデン女王クリスチナ』（中公文庫、一九九二年）、武田龍夫『北欧悲史』（明石書店、二〇〇六年）、同『物語スウェーデン史』（新評論、二〇〇三年）などがあります。また、クリスティーナ女王とデカルトに関してはエルンスト・カッシーラーの『デカルト、コルネーユ、スウェーデン女王クリスティナ』（工作舎、朝倉剛、羽賀賢二訳、二〇〇〇年）を挙げておきます。

戦略予備としてのフランス

話を、フランス・スウェーデン戦争に戻しましょう。

フランスがプロテスタント側についたことで、一気に戦局が変わりました。どんどん、フランスとスウェーデンでハプスブルク家の切り取り競争のようになり、オランダの独立も実質的に確定していきます。プラハが陥落して大勢が固まり、プロテスタント側が帝都ウィーンを攻略するかどうかというところで、講和会議を始めます。

講和条約を有利にするためにも、すべての戦力、今まで取っておいた予備兵力を突っ込みます。戦いでは最も死者が出るのは和平発効直前、特に追撃戦です。なぜなら、和平の前に獲れるものを獲っておかねばならないからです。日露戦争で、日本がポーツマス会議をやりながらロシア領だった樺太を占領したのも、これが理由です。

ちなみに、最精鋭部隊を決戦局面まで温存するのが戦いの定跡です。野球でも、ストッパーを最終回まで温存するのと同じです。八回までリードしていたら、勝ちが見えた九回はストッパーを投入。絶対的な実力を誇るピッチャーが登場しただけで、相手チームは戦意を喪失することもあります。

戦争では、こうした兵力のことを「戦略予備」と言います。戦場で勝てるかどうかは、戦略予備の使い方にかかっていると言っても、過言ではありません。戦史では、ナポレオンの皇帝親衛隊は有名です。ナポレオンは常に倍する敵と戦っていましたから、序盤は不利、中盤は一進一退を繰り返します。しかし、ナポレオンの天才は敵に隙が見えたのをも逃さないところにあり、絶妙なタイミングで親衛隊が戦場に投入されます。それまで疲労困憊の敵軍は、力を蓄えていた親衛隊に蹂躙されるのが常でした。ちなみに、ナポレオン最後の戦いであるワーテルローの戦いでは、皇帝親衛隊が投入されたにもかかわらずイギリス・プロイセン連合軍は持ちこたえ、逆にフランス軍に動揺が走り敗戦に至りました。ナポレオンの凋落を象徴するエピソードです。

席次で国の序列が決まる

三十年戦争での二大名将はグスタフ・アドルフとヴァレンシュタインですが、当然ながら二人とも戦機の見極めは達人でした。「戦機を見極める」とは、戦略予備投入のタイミングの決断なのです。そして、その二人を上回る発想の持ち主が、リシュリューでした。

リシュリューはフランスそのものを、決定的な局面での戦略予備として使いました。カトリックとプロテスタントが延々と殺し合いを続けて（続けさせた面もある）、疲れ切ったところで乱入です。ハプスブルク率いるカトリック連合は、総崩れとなります。

まったくの極悪人です。そして、それがフランスの利益には最も適っていました。論より証拠。三十年戦争の勝利以後、フランスはヨーロッパの大国になります。自国のためには何をやってもいい。「国家理性」です。

ウェストファリア講和会議は会合期日が一六四二年三月二十五日と定められたものの、なかなか開かれません。ようやく一六四四年十二月四日に、開催実現の運びとなりました。しかし、戦争自体はまだ停戦にはなっておらず、激戦は続きます。

とはいうものの、会議を行うと決定したときから、一六四八年十月二十四日に平和条約が調印されるまで、約六年の歳月をかけて、多くの約束事が成立していきます。ウェストファリア会議の経緯と、その約束事であるウェストファリア条約を確認していきましょう。

一六四四年、ハプスブルクの神聖ローマ皇帝フェルディナント三世はドイツ三〇〇諸侯のなかのウェストファリア公国にある二つの都市、オスナブリュックにはプロテスタントを、ミュンスターにはカトリックをそれぞれ分けて呼びました。別個に分けて交渉しようという意図です。勝者のフランスとスウェーデンには、同じ会議場に来てほしくないからです。最初の一年は席次を決めるだけでもめています。席次でもめるなど、愚かなことをやっているようで、実はこれが最重要事項です。席次で国の序列が決められてしまうからです。

現代国際社会にもつながる重要事項なので、ここで「序列」の考え方を整理しておきます。

よく聞こえてくる言い方に「日本の天皇は世界で一番偉いのだ」というのがあります。これは、半分は正しく半分は間違いです。

世界で今「エンペラー」と呼ばれるのは日本の天皇陛下だけです。そのほかは「キング」あるいは「クイーン」なので、序列としては「エンペラー」である天皇陛下が最上位といえます。「エンペラー」と「キング」「クイーン」の違いの詳細に関しては、小著『明治天皇の世界史』（ＰＨＰ新書、二〇一八年）をぜひ。

ただし、エンペラー、キング、クイーンと名称に違いはあれど、全員が「陛下」と呼ばれます。さらに、ローマ教皇は「猊下《げいか》」と呼ばれ、「陛下」と対等です。つまり、天皇、教皇、そしてすべての国王は皆、対等なのです。そして、対等者どうしのあいだでの序列は即位順という考えです。

現代の国際社会では「陛下・大統領・首相」の序列は確定していますが、これを決めたのはウェストファリア会議です。一年かけた話し合いの結果、慣習が確立していきます。

「軍使を殺さない」という約束

席次の次は、言語の問題でした。会議にどの言語を用いるかが焦点になります。

ラテン語は貴族の言語で、貴族間では共通語です。とはいえ、普段、自分たちが話す言語を使用したい人たちがいて、スウェーデンをはじめとするプロテスタントが参加したオスナブリュックではドイツ語が、フランスを筆頭とするカトリックが参加したミュンスターでは、ラテン語、フランス語、イタリア語の三言語がそれぞれ使用されました。この時は混在ですが、一九一九年ヴェルサイユ講和会議で英語に取って代わられるまで、フランス語が主流になっていきます。

こうした約束事がウェストファリアで決まったといっても、何もかもがここから「ヨーイドン」で始まったわけではありません。

たとえば、外交官に対する取り決めです。その原型はウェストファリア体制以前からありました。ローマとペルシャにも外交関係はあって今の領事館のような外交使節を交換していましたし、十字軍の時代にさえ「軍使は殺さない」という約束が成立した時代もありました。こちら側が伝えたい考えがあるように、敵側にも伝えたい考えがあるはずです。お互いに伝えたい内容を伝え合い、知りあうことによって、戦争の悲惨さが少しは緩和され、互いの戦争の進め方において有利になる。そういう「ゲーム」が成立してくるわけです。

ウェストファリア体制以前にも開明的な人はいて、軍使は殺さないでおこうという約束がなされたりもしました。しかし、ウェストファリア以前はそんな人たちは少数派で、約束をしては破られというのが一千年ものあいだ繰り返されてきました。

そしてようやくここ、ウェストファリア会議のときに至って、軍使は殺さないでおこうという約束が成立し、徐々に破られなくなっていくのです。

現代では、「軍使を殺さない」という約束は、外交官の身体保護の原則として確立しています。ウェストファリア体制では、国が国を脅迫するのは外交なので当然だと考えます。これは現代に至るまで否定されたことがありません。ただし、一六四八年以降で画期的なのは、国に対する脅迫と、外交官個人の身体に対する脅迫が区別されていったことです。外交官個人を暴力で脅すのは、軍使を殺していた宗教戦争の時代くらい野蛮だと考えられるのです。

たとえば、アドルフ・ヒトラーです。ヒトラーがチェコスロバキアの大統領を恫喝し、大統領が卒倒した時に医者に強心剤の注射を打たせ、ドイツがチェコスロバキアを併合する受諾文書に強制的にサインさせたなどは、明確な国際法違反です。外交官に対してすらやってはいけないことを、国家元首に対してやりました。ヒトラーが今でも問答無用の極悪人として糾弾される最大の理由はユダヤ人の大量虐殺ですが、露骨に国際法を破ったというのもあります。つまり、文明人ではない、と。ちなみに同時代のスターリンは、やっていることを見ると露骨に国際法を破っているのですが、そのたびにいちいち言い訳しています（言い訳になっていないものばかりですが）。

両者を敵に回す力がないと仲裁はできない

ウェストファリア会議では、後々の世界に影響を与えるような原則が約束として確認されていきながら、最終的にミュンスター条約とオスナブリュック条約となります。この二つの条約を合わせたものが、ウェストファリア条約です。条約の内容は多岐にわたります。

最も重要な課題は、キリスト教会の再統合です。殺し合いを続けたカトリックとプロテスタント諸派を仲直りさせようとする試みです。

なぜカトリックとプロテスタントの二つの再統合であって、キリスト教三大宗派のうちのオーソドックス（東方正教）は入っていないのかというと、ポーランドまでが当時のヨーロッパだからです。東方正教はモスクワ帝国以東に広がっていて、当時、そのモスクワ帝国はヨーロッパではありません。また、ギリシャ正教、ブルガリア正教などの東方正教は主にバルカン半島に広がっています。その頃のバルカン半島はオスマン・トルコなので、当然、対象にはなりませんでした。

東方正教というのは、西方と教義はかなり違います。そして、意外と思うかもしれませんが、バルカン半島では宗教戦争はやっていないのです。バルカン半島に宗教戦争はありません。バルカン半島にあるのは、もっと悲惨な民族紛争だけです。バルカン半島の凄惨な民族紛争については小著『真・戦争論　世界大戦と危険な半島』（ＫＫベストセラーズ、二〇一五年）をどうぞ。

東方正教は宗教戦争をやっていないので、カトリックとプロテスタントを和解させれば、キリスト教世界全体の統合になるという理屈です。だからといって、パウロ以前のキリスト教に戻ろうなどと言いだせば火に油を注ぎ、両陣営を敵に回してしまいます。何度も言いますが、ケンカの仲裁というのは両者を敵に回す力がないとできないので。

異端だって殺さなくていいじゃない

ウェストファリア条約の要諦は、「宗教的寛容」です。

ウェストファリア会議の約百年前の一五五五年に、アウクスブルクの和議でルター派が容認されました。それを再確認し、さらにカルヴァン派をも容認しました。要するに、負けたカトリックのハプスブルク帝国に、「異端認定して殺すのはやめよう」という内容です。敗者のハプスブルク皇帝は受け容れました。

それだけでなく、領民が君主と異なる宗教を選んでよいという、信仰の自由を認めました。これが世俗主義であり、政教分離ともいわれます。

これは、ハプスブルク帝国のなかにいる三百諸侯が、ローマ教皇や神聖ローマ皇帝の直接支配を受けず、皇帝も豆粒諸侯も対等になる事態を意味します。

一気に三百の諸侯が教皇の支配から独立します。あらゆる国王、――イングランド、スペイン、フランス、ハプスブルク、ドイツの三百諸侯、イタリア半島の国王たち、オランダ、デンマーク、スウェーデン、ポーランドなど――が教皇の首位権を認めず、独立した存在になるのです。嫌になれば、カトリックの信仰など捨ててしまう。

そんなウェストファリア条約など容認できないのがローマ教皇です。

ローマ教皇インノケンティウス十世はウェストファリア条約を、「それは、無効、空虚、無価値、邪悪、不正、呪われたもの、永劫に罰せられるべきもの、愚かなこと、永遠に意味と効果のないもの、である」と無効宣言を発します（C・ヴェロニカ・ウェッジウッド『ドイツ三十年戦争』刀水書房、二〇〇三年）。ただし、誰も聞きません。国王たちからしたら、「なんでアンタの命令を聞いて、さらに殺し合いをしなければいけないのだ」というところです。なにしろ、三十年戦争で当時のドイツ地方の三分の二が焦土となり、人口の四分の一が死んだのですから。三十年戦争はヨーロッパ史上最大の戦争でした。この悲惨さは、二つの世界大戦が悲惨さを凌駕するまで、長く記憶されるほどです。だから、そんなバチカンの命令など誰も聞きません。

ローマ教皇の命令など誰も耳を傾けませんし、スウェーデンの〝不思議ちゃん〟こと、クリスティーナ女王の「異端の者も殺さなくて良いじゃない」という言葉の方が受け容れられます。これが「宗教的寛容」です。

ただし、「人を殺してはならない」ではないことに注意してください。人は人だから殺してはならない、いわゆる人権思想が世界の多数派になるのは、たかだか最近の百年か二百年のことです。

宗教戦争や異端審問が横行した時代のヨーロッパでは、「自分と違うことを考えているかもしれない者は、殺さなければならない」が常識だったのです。三一三年、ローマ帝国のキリスト教会公認以来、どれほどの血が流されてきたことでしょうか。千三百年にして、ようやくヨーロッパ人はこの境地にたどりついたのです。

これに対する反発も強烈です。バチカンはウェストファリア条約そのものを認めず、その後もしばしば、破門だの十字軍だのと宣言します。権力が大きく削られたとはいえ、教皇庁の教えを信じる者も多いのですから、一六四八年の時点でクリスティーナが唱えた宗教的寛容など、いつひっくり返ってもおかしくなかったのです。

プロテスタントの側にも狂信者はいます。ブリテン島では、狂信者クロムウェルの独裁体制が一六五八年まで続きます。

ヨーロッパが宗教原理主義から離脱していくのに嫌気がさして、別の土地に行き場を求める人たちもいます。新大陸（今のアメリカ大陸）には一六二〇年のメイフラワー号を嚆矢《こうし》として、多くの人々が移住していきます。

単なる結果論ですが、「殺さなくても良い」は、三十年戦争に疲れたヨーロッパ諸国には受け入れやすかったのです。皇帝は最大の敗者ですし、魔女狩りの本場のスペインはフランスとの戦争が継続して連戦連敗ですから、それどころではありません。バチカンも、クリスティーナ自身がカトリックに好意的ですから、徐々に軟化します。クリスティーナは後に改宗するくらいですから、無下《むげ》にはしないのです。

人類の多数派が「人を殺してはならない」と信じるには数百年かかりますが、とにもかくにもウェストファリア会議を起点に「殺さなくても良い」に変わり、二度と宗教――心の中で考えていること――を理由に「殺さなければならない」とする人々が多数派になることはヨーロッパではなかったのです。

とにもかくにも殺し合いは止まった

教科書的なウェストファリア条約（体制）の説明では、三つのことが確立したと書かれています。

- 宗教に対する世俗権力の独立（政教分離）
- 帝国からの領邦主権国家の独立

・主権国家の対等（並立）

要するに、教皇も皇帝も貴族（領邦主権国家）も、全員が対等なのが主権国家だと教えられます。国家とは貴族（教皇や皇帝も含む）の領地のことなので、「領邦主権国家」と呼ばれます。十九世紀以降は「国民国家」と呼ばれますが、領邦主権国家とは違います。国民国家では人民は国家の構成員ですが、領邦主権国家では貴族の持ち物です。ウェストファリア体制が主権国家体制であると強調されるのは、国家に教皇や皇帝のような上位の存在がいなくなり、それぞれの国々が対等であるとの建前が成立するからです。

三十年戦争で、オーストリア・スペインの両ハプスブルク家は没落します。フランス、オランダ、スウェーデン、ポーランドが大国としての地位を確立します。やがて、イングランド（イギリス）、プロイセン、モスクワ（ロシア）が大国としてヨーロッパの大国として登場します。さらに後の時代になると、ヨーロッパの五大国である英仏露墺普が、そのまま世界の五大国となる時代が来ます。ただし、それは十九世紀の話で、まだまだ先です。まだまだ先ですが、一六四八年から確立していくことが国際法になっていくのですから、日本人である我々も歴史を踏まえてウェストファリア体制とは何かを理解しなければなりません。

魔女狩りは「推定死刑」

第一に、宗教に対する世俗権力の独立です。

教会権力と世俗権力も対等になっていきます。三十年戦争当時にあっては、国家間の対等よりも、こちらのほうが実は、画期的な出来事として捉えられました。

たとえば、魔女狩りです。魔女狩りを代表とする異端審問は、強力な教会権力のもとに行われていました。魔女狩りのシステムを見れば、それは一目瞭然です。

魔女狩りは主に司祭がやっていました。まずは、司祭が「あいつは魔女だ」と疑いをかけ、そいつをしょっ引いて、宗教裁判にかけます。何が魔女だという証拠かというと、神の目で疑われたこと自体、つまり「魔女だ」と疑われたのがすでに有罪の証拠だというのですから、疑われれば有罪率一〇〇パーセントです。

しかも警察官、検察官、そして裁判官がすべて同じ一人の人間という状況では、罪を免れる余地はありません。そのうえ、「魔女だと疑ったけど、違った。ごめん」などといえば、誤審をした者も死刑です。魔女狩りは絶対に「推定死刑」と決まっていたのです。

「政府」と「教団」の分離

宗教裁判で行われるのは、どういう拷問にどの程度かけて殺すかの決定だけです。そこで実際に「火炙りだ」と決まったときに、刑を実施するのは世俗の普通の裁判所です。これを「世俗の腕《かいな》に委ねる」と表現します。つまり、教会は刑を決めるだけ決めておいて、自分では手を下さず、血を流さないという意味です。世俗の裁判所は教会の下請けにすぎません。

たとえるなら、オウム真理教のようなカルト宗教の教祖が「あいつを殺せ」と命令したら、法務省が死刑を執行するようなものです。現代日本だと、国会が決めた法があり、裁判所があり、死刑なら死刑と判決が下れば政府（法務省）が実行します。そういう仕組みがないのが、一六四八年以前のヨーロッパなのです。魔女狩りは一六四八年以後も続きますが、やがて宗教裁判所よりも世俗の裁判所の方が強くなります。

ただし、いきなり強くなったのではなく、まずは対等です。教会権力と世俗権力が対等になっていくところから、政教分離が始まります。

政教分離とは、「政府」と「教団」の分離です。「政治」と「宗教」の分離ではありません。単語からして、「Separation of Church and State」です。教会権力と世俗権力が対等になって政教分離が始まりました。さらにそこから世俗権力のほうが教会権力よりも上になっていく過程が、近代国家ができる過程です。ではいつになると世俗権力の方が上になるかというと、これが国ごとに非常に複雑です。早い国だとイングランドで、一六八九年権利章典。遅い国だとフランスで、第三共和政によって「政教分離法」が公布された一九〇五年とされます。聖徳太子で宗教問題を解決した日本人には、想像もつかないかもしれませんが。

ちなみに肝心のローマ教皇庁が完全におとなしくなるのは、一九二九年です。バチカン市国の建国でもって、公式にウェストファリア体制、主権国家の並立体制を受け入れました。自分たちも、他の国と同格だと認めたのです。その当時のイタリアで指導者だったベニト・ムッソリーニという人は毀誉褒貶が激しいのですが、かのローマ教皇庁をおとなしくさせ、主権国家の並立体制を受け入れさせたのは、誰もが認める功績です。

第二に、「帝国からの領邦主権国家の独立」です。ウェストファリア条約が別名「神聖ローマ帝国の死亡診断書」といわれる所以です。

もっとも、当時は「死亡宣告」をされましたが、そこから復活するのがヨーロッパです。ハプスブルク家は、ヨーロッパが束になってかかっても敵《かな》わなかったオスマン・トルコ帝国に勝利し、五大国の一として蘇りますが、それはまだ先の一六九九年の話です。

一六四八年ウェストファリア条約では、皇帝と三百諸侯の関係が事細かに規定されました。オランダやスイスは正式に帝国から離脱しますし、残った諸侯も最低限の主従関係は残りますが、事実上は独立していきます。豆粒諸侯は十九世紀初頭のナポレオン戦争の時に整理されましたが、現在でも皇帝家の末裔であるオーストリアや諸邦を統一したドイツと並び、リヒテンシュタイン伯爵家は独立国として残っています。リヒテンシュタインの領土は、東京の八王子市くらいの広さです。日本で言えば一地方自治体くらいの所領しか持たない貴族も、皇帝に対し独立を宣言したのがウェストファリア条約です。現実のリヒテンシュタインに実力はないのですが、名目上は対等を主張します。

ちなみに、三百諸侯が分裂している状態は、隣国のフランスにとって極めて都合が良いので、ハプスブルクの敗戦に乗じて押し付けたのでした。

第三の、「主権国家の対等（並立）」です。ハプスブルクもフランスもオランダもリヒテンシュタインも、全員が対等である。現代でも、国が沈むのではないかと懸念のあるツバルだって、アメリカのような超大国と対等です。

主権者が国民から暴力を取り上げる

さて、ここで「主権」という重大な言葉が出てきました。主権の文字通りの意味は、絶対的な権力です。神が人間に行使するような、絶対的な関係です。そこにある紙を、ノートに使おうが鼻をかもうが、紙に選択権はありません。自由意志があるのは人間だけです。神と人間の関係とは、このような絶対的な関係です。

ジャン・ボダンは、「国王こそ地上において神の主権を代行する存在である」と主張しました。この王権神授説に基づいて、絶対王権が確立されていきます。リシュリューはブルボン家の絶対王権を確立しようとしたので多くの反発を受け、そのたびに内外の敵を粉砕していきます。

三十年戦争が終わる頃になると、ヨーロッパの多くの国で絶対王権が不完全ながらも成立していきました。内においては貴族を従え、外においては外敵の侵入を防ぐ。その力を持った国王の所領が、領邦主権国家と呼ばれるのです。

こうした王権を確立するのに必要なのが、軍事力です。主権国家は、力によって成立したのです。

イングランドの哲学者であり政治思想家であるトマス・ホッブスが、人間社会は「万人の万人に対する闘争」であると喝破しました。人は皆、人を殺す能力と権利があります。最強の人間も、最弱の人間にナイフで刺されたら死にます。だから、秩序を形成するには、誰かが全員から一斉に武器を取り上げなければならない。その取り上げる人こそ主権者です。

そして、近代国家は、主権者が国民全員から暴力を取り上げるところから始まるのです。

リシュリューの「決闘禁止令」の意味がおわかりでしょうか。フランス貴族たちは王の法には従わず、もめごとは自分の武力で解決する権利があるのが当然と見做していました。その特権を取り上げるとは、王の法に従えとの意味に他なりません。当然、反発しますが、リシュリューは武力で鎮圧します。

それでもフランス貴族の反乱は鎮まらず、落ち着いたのはルイ十四世の時代です。ルイ十四世はパリ近郊にヴェルサイユ宮殿を築きましたが、そこにフランスの貴族を集めました。もちろん、貴族たちは自前の軍隊を連れてくることは許されませんから、生殺与奪の権を国王に預けることになります。ここにようやく、国家主権が成立するのです。ヨーロッパの多くの国では、国家主権の始まりは王様の権力のことなのです。

これが現代では、警察になります。あるいは、裁判所や検察、税務署になります。

現代の文明国では、どんな偉い人でも、人を殺せば犯罪者です。警察に逮捕され、裁判で有罪の判決が下れば、刑務所に行かねばなりません。文明国以外の国、たとえば北朝鮮では、偉い人は人を殺しても犯罪者にならない特権を持っています。あるいは南米のコロンビアなどでは、大マフィアの親分は自分の縄張りに警察を寄せ付けません。

前近代のヨーロッパは、これと同じなのです。

たとえば、ヨーロッパの大貴族は、自分の所領に城を持っています。城は、治外法権です。そこで何をしようが、勝手です。たとえば領主が使用人を殺したとしましょう。城の敷地に埋めるか捨てるかして終わりです。警察も貴族の城に入ってくることはありませんし、殺した領主が裁判で有罪になって刑務所に行くことはありません。そもそも、貴族への制裁は、決闘で打ち負かすことだけなのですから。

軍隊と軍隊の決闘を内戦と言います。フランスにおける貴族どうしの最後の決闘が、フロンドの乱です。対スペイン戦争の戦費に充てるために増税を推進するマザランに対し、不満な貴族たちが、コンデ公という王族を首魁に担いで反乱を起こし、最終的に粉砕されました。

国内をまとめられるのが主権国家

徴税、警察、裁判などの国家権力（それを政府が行使するので、政府権力）になぜ従うのか。

政府が国家の中で暴力を独占しているからです。

政府以外が軍隊を持つな！　を実現するためには、既に私兵を持っている貴族たちから取り上げなければならないのです。

では、どうしたら取り上げられるか。共通の敵を作ることです。もっとも、作らなくても、日常的に殺し合いをしているのがヨーロッパですが。ヨーロッパの国々は、外国との戦いで結束するために、国家の軍隊を作っていくことになります。十七世紀の軍隊は王様が傭兵を雇い、戦時には貴族たちに金か兵隊を差し出させます。傭兵が歴史から去り、国家の軍隊が成立するのは十九世紀です。ナポレオン戦争でフランスは、「フランス国のために武器を持って戦うフランス国民の軍隊」を作り上げました。マキャベリが理想として描いた国民軍が、ナポレオンという軍事的天才の下で現実に機能したのです。他のヨーロッパ諸国はナポレオンの前に連戦連敗で、その侵攻から自国を守るために兵制改革をして、どこの国も国民軍に移行するのです。

前近代においては、軍隊と警察は同じものです。それが三十年戦争以降、徐々に分離していきます（その歴史も国ごとにバラバラで、まともにやりだしたらそれだけで一冊の本ができるのですが……）。一般的な傾向だけ述べておくと、軍隊は「戦争」になると王様に駆り出される存在で、傭兵です。彼らには警察活動はさせません。徐々に、政府の警察が整備されていきます。

軍隊の任務は軍事であり目的は外国から国家を守ること、警察の任務は治安であり犯罪から国民を守ることです。軍隊と警察の分離は、敵と犯罪者を峻別していきます。敵とは、利害が異なった者であり、道徳とは関係がありません。それに対して犯罪者とは、法を犯した者であり、道徳的な悪です。

警察と軍隊という二大暴力装置を政府が独占できて、「主権」が成立します。「主権」とは、国内をまとめることができ、海外とは対等であるという裏付けのある力なのです。現実にその力を持たない者は、主権国家ではないのです。

軍隊を持っていて外国に侵略されないから、その国と約束しても大丈夫だろうと判断されます。約束してそれを守れる能力を「条約遵守能力」といいます。国家の要件とは、条約遵守能力です。

一番わかりやすい約束の例は、パスポートです。

パスポートの表紙のすぐ裏のページに「日本国民である本旅券の所持人を通路故障なく旅行させ、かつ、同人に必要な保護扶助を与えられるよう、関係の諸官に要請する。日本国外務大臣」と書かれています。そして、この文面には書かれてはいないけれど、続きがあります。「もし、破れば戦争を覚悟されたし」です。

パスポートを持つ者が行った国において安全に移動できる旨を要請するというのは、要請された側が自国内の治安に責任を持つという意味が生じます。当然、パスポートを所持していても犯罪に巻き込まれる事態はありえます。最近もトルコで日本人が殺害された事件がありました。

罪を犯す不届き者はどこの国にもいます。この場合、トルコ政府は責任を持って犯人を捕らえ、トルコの法に従って犯人を裁判にかけて刑罰を科し、被害者を泣き寝入りさせまいとしました。できれば、結果として安全を確保にしてほしいけれども、不幸にしてできなかった場合には責任を持って対処する。パスポートというのはそうした、国と国の約束、契約書です。警察があって機能し、自国の治安を守れるから、そうした約束ができるのです。現代、日本やトルコのような文明国が世界にどれほど存在するかわかりませんが、そうした約束事を世界中に「国際法」として広めようとの試みが「ウェストファリア体制」なのです。

「王際仁義」をみんなで守りましょう

三十年戦争以降、ウェストファリア条約以降、国際法ができていきます。

ただし、ウェストファリア条約が結ばれた時、あるいはグロティウスが「国際法」を頭に浮かべた時、「国」が存在しません。当然、国際社会も存在しません。「International Law」の訳語だから「国際法」で間違いではないのですが、実態は王様と王様の約束です。約束の実態は「仁義」です。だから、一六四八年の段階で「International Law」とは、「王際仁義」をみんなで守りましょうよ、という掛け声なのです。

国内の諸勢力から徹底的に取り上げた暴力を背景にした、主権者である王様どうしの仁義が国際法です。この「仁義」という概念を理解しておかねばならない理由は、小著『国際法で読み解く世界史の真実』（PHP新書、二〇一六年）、『国際法で読み解く戦後史の真実』（同、二〇一七年）に縷々書いておきました。

その王際仁義が慣習として確立し、「ヨーロッパ公法」になっていきます。そして、ヨーロッパが世界中を植民地にして征服していったがために、本来は「ヨーロッパ公法」にすぎない「International Law」が、国際法として押し付けられていきます。

繰り返しますが、この時点でのヨーロッパとは西はスペインから東はポーランドまでです。その世界の片隅の半島で成立した「ヨーロッパ公法」が、いかに世界中に拡大して「国際法」となっていくかは第四章で詳述します。

とにもかくにも、殺し合いは止まりました。

一六四八年の時点で、グロティウスが提唱した「戦争と平和の法」が全人類に影響を与えるなどと知っている人は一人もいません。あまりに悲惨な三十年戦争に疲れ果てたヨーロッパ人に、タマタマ受け入れられただけです。仮に歴史の必然というなら、また元の宗教戦争の時代に戻ったはずです。

なぜか。

グロティウスの主張など、開明的すぎて当時のヨーロッパでは少数派だったのです。世界に広がるどころか、ヨーロッパの中で潰されて歴史の闇に埋もれていたかもしれません。

なにしろグロティウスは、殺し合いを続けるライオンに向かって「獣であることをやめよ」と説いたのですから。

第三章　なぜ『戦争と平和の法』は必要とされたのか

馬の耳に念仏、血に飢えたライオンに国際法

天才とは何でしょうか。「無から有を生み出す人」との定義ならば、この世に本物の天才は、ほとんどいないでしょう。たいてい、「英才」とか「達人」と呼んだ方がいい人を、「天才」と呼んでいるようです。

しかし、フーゴー・グロティウスは正真正銘、本物の天才です。無から有を生み出しました。

グロティウスは「国際法の父」と言われます。その通りです。「国際法」とは、グロティウスの頭の中からひねり出された発明品です。主著『戦争と平和の法』で、提唱した概念が、現代に至るまで国際法として定着しています。国際法とは、「国家と国家の間の法」です。ここまではわかります。

では、「グロティウスが『戦争と平和の法』で国際法を提唱した時、国際社会どころか、国家そのものが存在しなかった」と言われて、理解できるでしょうか。

前章で三十年戦争とその前史を説明した通り、当時のヨーロッパには国家も国際社会も存在しませんでした。王様の所領が「国家」、王様どうしの人間関係が「国際社会」です。理

屈で言えば、国際法の前に国際社会、国際社会の前に国家が存在しなければなりません。しかし、三十年戦争で殺し合いを続けてきた人々に、「さあ、これから国家、国際社会、国際法を作りましょう」などと呼びかけて、うまく行くわけがありません。知らないのだから、理解できるはずがありません。実際には、現実社会の中で、できることから始めて、慣習を積み重ねていくことで、徐々に国際法は成立していきます。「慣習が積み重ねられる」とは、「みんなが守る」ということです。

要するに、グロティウスが説いた難しい話のうち、みんなが守った約束が、やがて「国際法」と呼ばれるようになったのです。そして国際法が慣習として定着していくうちに国際社会が形成され、同時並行で王様の所領が現代の我々が想像するような国家に変容していったのです。

あまりにも悲惨な三十年戦争、それ以前から続く宗教戦争の現実に心を痛めたグロティウスが、少しでも悲惨さを軽減しようと考え出したのが国際法です。

グロティウスが『戦争と平和の法』の構想に着手したのは一六二三年、三十年戦争の第一期のボヘミア・プファルツ戦争が一応の終息をみた後でした。出版されたのは、その二年後の、第二期のデンマーク戦争が始まった一六二五年です。

大著『戦争と平和の法』は、全三巻本です。戦争が〝日常〟だったのを反映し、戦争に関する部分がほとんどで、「平和」については第三巻最後の第二十五章、わずか一章を割《さ》いているだけです。言ってしまえば、オマケです。

次に、『戦争と平和の法』の目次を眺めてみましょう。まるで宗教書です。グロティウスは神学者でもあるので、カトリックとプロテスタントの両者が理解できるようなキリスト教神学の智恵を使います。前近代、中世どころか古代の理屈までをも使い、近代国家の必要性を説きます。

我々だって、自分たちが生きている近代国家を説明するのは、困難です。グロティウスは、誰も見たことがない近代国家を野蛮な中世人に説いたのです。馬の耳に念仏どころか、血に飢えたライオンに国際法です。「これは神の言葉だから、耳を傾けなさい」と、司祭のように説く必要があったのです。

「みんな、神様を信じているよね」

国際法は、本当はグロティウスの発明品なのですが、決して「これは僕が考え出しました」などと言いません。国際法などという何がなんだかよくわからないものを説くために、グロティウスは「これは神の法である」と言い出します。体裁は全部が「発見」です。「聖書のここに書いてある、神様がこう言っているのを私は発見しただけです。だから、神様の言う通りに従いましょうね」と提言します。「僕が発見しました」と言い出した瞬間、全員から「なんで、お前の話を聞かなきゃアカンのや⁉」と言われて終わりですから。

グロティウスが「みんな、神様を信じているよね」と始めたのは、カトリックとプロテスタントの両者の共通点がそこしかないからです。仮に、「同じ人間じゃないか」と始めようものなら、双方から「違う！」と答えが返ってきます。繰り返しますが、「てめえら人間じゃねえ」は、前近代ヨーロッパでは比喩でも何でもないのです。

だからグロティウスは、「神様の言うことを、落ち着いて聞きましょうよ」と言うところから、始めたのです。次に、ようやく「カトリックだろうがプロテスタントだろうが、同じ神様を信じている者どうしなのだから、人間だよね」と続けられるわけです。カトリックもプロテスタントも、しぶしぶ従わざるをえない論理です。

そして、人間社会の最も重要な課題である、戦争について語ります。この場合の戦争とは「殺し合い」の意味です。グロティウスは「殺し合いとしての戦争」について説いているうちに、いつの間にか「文明としての戦争」にスライドさせていきます。はっきり言って詭弁です。しかし、人殺しをやめさせるための詭弁ですから、使いようです。

まず、グロティウス以前の戦争観がどのようであったかを押さえておきましょう。

すべての人間を愛さなければならないというキリスト教の戒律と、殺し合いは矛盾します。その矛盾を一切なくしてしまうのが、「あいつは人間ではない」というひと言です。人ではないのだから、殺して構わないのです。そもそもキリスト教徒にとって、心の中で自分たちとは違うことを考えているかもしれないというだけで人間ではないのですから。異教徒や異端は、殺さなければならない存在なのです。

そのような人々にとっては、自分だけが正義で、相手は絶対悪。一〇〇か〇《ゼロ》かの世界です。九九対一などはありえません。「九十九は俺が悪いけど、一はお前が悪いよね」などと言おうものなら自分を全否定されたかのように反応する人がいますが、それです。

宗教戦争の特徴は、自分が「正義」で、相手は「悪」であるという、正義の戦争です。正義と悪に分かれるという意味での正戦論が主流でした。相手はあくまでも「悪」なのであって、「敵」ではありません。

「敵」とは立場が異なる者を指す言葉で、立場が入れ替われば味方になる可能性のある存在です。絶対的な「悪」とは違います。ちなみに、「聖戦」という表記はイスラム教の〝ジハード〟という場合にだけ使うのが普通ですが、キリスト教の宗教戦争に使う場合もあります。

人殺しの悲惨さをマシにする

キリスト教世界には、「勝利は正義の発露なり」という恐ろしい言葉があります。これは、勝ったという事実が神に愛されている証拠であり、負けたのは悪魔だからだというので悪魔には何をしてもいいという理屈です。「正義が勝つ」というのは恐ろしい考え方です。それが本当なら、負けた側は言い訳ができません。勝敗と善悪は関係ありません。強くて賢い方が勝つ。グロティウスは道徳を説く格好でいながら、徹底的に道徳を排除して現実を分析します。

国際法を語るとき、日本人の国際法の先生は、なぜか平和な時の話だけをします。「世界連邦を作りましょう！」式の理想を語るだけです。グロティウスの理想は、「人殺しの悲惨さを少しずつマシにしていくこと」です。殺し合いは国と国との間だけで行われるわけではありません。当たり前ですが、個人も人殺しをします。では、どうやって個人の人殺しをやめさせるか。治安です。警察により犯罪を取り締まり、裁判にかけて刑罰を下す。この現代人にとって当たり前でしかない機能を、誰にどうやって持たせるか。

軍事と治安（裁判と警察）は二大暴力です。血に飢えたライオン達は、裁判も野蛮でした。グロティウス以前の「正義は勝つ、負けた方は悪である」という主流の戦争観につながるのが「決闘裁判」という考え方です。決闘裁判とは文字通り、決闘で決着をつける裁判です。

世界的に、刑法は簡単にできています。どこの国も「殺すな、盗むな、傷つけるな」という、よほどの狂人でもないかぎり、非常に理解しやすいところから出発しているので、わかりやすいのです。

それに対して、民法は難解です。たとえば、「この土地は誰の所有だ」というとき、正義や悪は関係ありません。三重債務になっていた場合など、いったい誰の権利を優先すべきかというのは、決着を付けようとすると、それだけでも複雑です。さらに、文化や歴史や民族性などの要素が絡んでくるのでなおさらです。

複雑な裁判の決着の付け方として、日本の古代でも盟神探湯《くがたち》という方法がありました。盟神探湯とは、神の判断を仰ごうという神判のやり方の一つで、裁判に訴えられた者に熱湯の中に手を入れて小石を拾わせ、火傷を負うか負わないかで罪の有無、主張の正否を決めるやり方です。要するに、難しくて判断できないから、そういう無茶なやり方で決着をつけていたのです。

中世ヨーロッパにも神判という考えがあります。決闘裁判とは神判の一つです。いわゆる被告と原告が闘い、勝った者を正しいとする決着の付け方です。

山内進氏の『決闘裁判』（講談社現代新書、二〇〇〇年）によれば、そのような決闘裁判は、七世紀以降のフランク王国から行われていたようです。また、自分で闘えない老人や女性などには、親族などが肩代わりする「代闘士《カンピオ》」が認められていたほか、決闘を専門とする「決闘士」という職業まであったそうです。また、男対女の決闘もあり、その際、男は下半身を脇まで穴に入れるというハンディを付けて闘いが行われていました。闘いは、なるべく平等な条件のもとで行われるようにという配慮がなされていました。とは言うものの、男は土に埋まったくらいで負けないのですが。

一五〇〇年代になって、ある日、ヨーロッパ人は疑問に気づきます。「決闘での勝利と真実とは関係ないのではないか」と。そう考えると、ヨーロッパの社会は矛盾だらけです。正義は勝つというのは本当か、正しい側がいつも勝つというのであれば、十字軍はなぜ全戦全敗なのか。異教徒のオスマン・トルコに対しても全戦全敗なのはどう説明するのだと。当時そんな疑問を持つような人は殺したので、疑問が社会的影響力を持つことはなかったのです。

気づくのが遅すぎでバカかと思うかもしれませんが、実際にバカなのです。まずヨーロッパ人は、字が読めません。識字率は恐ろしく低く、貴族でも嫡男以外はまともに教育を受けていません。一部の後継者になる貴族だけがエリート教育を受け、帝王学を授けられただけで、あとは本当にバカばかりだったからです。

日本の世界史教科書を読むと、さもヨーロッパが常に全人類の最先端地域であるかの如く思えてきますが、そんなことはありません。日本人のヨーロッパコンプレックスは明治以来ですから。

余談ですが、中世キリスト教神学がやっていたデタラメは、裁判だけではありません。医学もしかり。ドミニク修道会など、観察と実験によらない医学を進めました。どうやってそんな医学が進むのか。延々と文献によるだけの医学をやっているなど、危なっかしいのを通り越して、イカレています。比較的穏健な言葉づかいで評すると、「野蛮」です。

繰り返します。自分を宗教だと思わない宗教、自分の正義を絶対に疑わない連中は、どこまでも暴走します。その結末が三十年戦争です。互いに、相手を「人間ではない」と非人間的な所業を繰り返す。自分たちも人間ではなくなっていきます。

殺し合いにも掟《ルール》が必要

話を『戦争と平和の法』に戻しましょう。グロティウスは、「序言《プロレゴメナ》」で「本著作の目的」を記しています。

人民の間には、戦争を行ふについて、且つまた戦争に関して（ad bella et in bellis）有効なる共通法が存在するといふ、予が既に行つた考察を確めんとするところに、予が本書を著はさんとする多くの、而して重要なる理由が存する。予はキリスト教の世界を通じて、野蛮族といへども恥ずべきやうな、戦争に対する抑制の欠如を認める。（放縦なる戦争の制御）予はまた、人々が些細の理由のために、或は何等原因のないのに戦争に走ることを、また武器が一度執られた時には、恰も狂人があらゆる犯罪を行ふことをある法令に従つて放任されるが如くに、神意法であらうが、人意法であらうが、これに対する一切の尊敬がなくなつてしまふことを認めるものである。

（一又正雄訳『グローチウス　戦争と平和の法』第一巻、酒井書店・育英堂、一九七二年。

＊旧漢字を新漢字に改めました）

グロティウスは、人間なのに野蛮人みたいな、獣のような行いをやってはダメだと説いています。この場合の「人間」はキリスト教徒を意味します。カトリックとプロテスタントの双方に、「異教徒のような野蛮人や、獣と同じになってよいのか」と問いかけているのです。殺し合いになれば、「ルールなんか守っていられるか」となるのは自然です。でも、何をやっても良いわけではない、やってはいけない行為があるのだと説き始めるのが、この「序言」です。

グロティウスは「殺し合いにも掟《ルール》が必要だ」と説きます。なぜなら「戦争はなくならない。なくならないが悲惨さをマシにできるのではないか、戦争がなくならないなら悲惨さをより軽減しましょう」というのがグロティウスの主張だからです。

グロティウスの肝心なところは、戦争を廃絶しようなどと、ひと言も言っていないところです。そこが、日本の国際法学者のように「日本国憲法第九条を全世界に広めて戦争をなくそう」などと、できもしない妄想を撒き散らすのとは、まったく異なります。

神様の法を「発見」しよう

グロティウスは「歴史を見よう」と言います。「歴史を見れば、人間は獣ではないのだから、殺し合いのときにだって、やってはいけない掟《ルール》があります。それを論証します」と、あたかも自然法則を発見するかの如く、歴史の中に発見していこうという態《てい》をとります。それが、自然法という考えです。

自然法というのはゴッドが定め給うた法で、法則として発見される事柄です。人間が自由自在に、ほかの法律のように制定できるものではありません。

では、どうやって発見されるかというと、慣習として確立されている事実自体が証明です。

日本の大学だと国際法の授業で、「国際法とは条約のことです」などと教えている教師が大半ですが、違います。条約を結んだからといって、その瞬間に国際法になるわけではありません。国内法とは違います。

たとえば、ある国が刑法で「人を殺したものは例外なく死刑にする」との法律を定めたとします。所定の手続きがなされると（普通は議会で可決されると）、その刑法は国の法律となります。法律ですから破る人がいます。しかし、その国の政府が機能している限り、警察は犯人を捜しますし、逮捕したら裁判にかけます。事実が特定されると、その国では死刑になるでしょう。たとえ、破る者がいても、法律は法律です。

しかし、条約は違います。たとえば、一九四一年日ソ中立条約です。本当は一九四六年まで有効だったのに、一九四五年にソ連が破って日本を侵略してきました。その瞬間、この条約は無効です。この条約は一九四五年までは国際法でしたが、それは双方が守っていたからです。ところが日本はアメリカとの戦争に敗色濃厚で、ソ連は日本を恐れる必要がなくなりました。ソ連が約束を破ったのですから、もう一方の日本も日ソ中立条約に縛られることはありません。そもそも事実として「中立」ではなくなっています。「条約は破られるまでは、法としての推定を受ける」との法諺《ほうげん》（法格言）があるくらいです。

だいたいウェストファリア条約だって、調印した全員が永遠に守ろうなどと考えていないのです。だから本書は、ウェストファリア条約ではなく、ウェストファリア体制について解説しています。つまり、ウェストファリア条約が結ばれた後、どのような慣習が定着していったかを確認する本なのです。「条約は刑法のような国内法とは全く違う」は、国際法を理解する出発点ですから、しっかり理解してください。

グロティウスは、法制史を説くことで、事実を突きつけていきます。「人を殺してはいけません」が通じない相手に道理を説くので、やたらと事例列挙が多くなっています。『戦争と平和の法』は、自然法の基本的な事項として、すなわち、どの人間にも共通する項目として五つ挙げています。

一、「人の物を盗むなよ」。

これは財産権という概念です。漢の皇帝の劉邦が「殺すな、盗むな、傷つけるな」の法三章を定めましたが、最も原始的なやってはいけないことの概念と言えます。

二、「借りた物は返そうよ」。

難しいことを言うとわからなくなるので、「借りたものを返さないと、盗んだのと同じ」と子供に言い聞かせるような内容を、もっともらしく難しく書いているのです。

ただ、真面目に考えると難しい問題です。たとえば利子です。キリスト教、イスラム教、ユダヤ教にとって、利子は取っていいのかという問題が付きまといます。これら三大一神教では、利益を得て、特に利子を取るというのは〝悪〟であるという概念が強く、なかでも最も強いのがキリスト教です。なにしろ、労働が〝悪〟ですから。

三、「約束を守れ」。
言葉の中身は単純です。しかし、これを実行させるとなると、どれだけ大変か。
四、「間違って損害を与えた場合でも補償しなければいけない」。
世の中、「悪気がなかったんだから～」で済ませる人が、どれだけ多いことか。

賠償と補償の違いなどは、今の大学の一般教養で教えているような内容です。「私が悪うございました」とお金を払うのが賠償、「お悔やみ申し上げます」とお金を払うのが補償です。法諺に「百万円の補償をしても、十万円の賠償をするな」というのがあります。今この瞬間に大金を出したくなくても、「私が悪うございました」と認めたら一生ついてくるので、長い目で見たら損だ、という意味です。経済や経営は損得が大事ですが、法律は善悪を重視します。
五、「悪い行いをすれば、刑罰がある」。
これが当たり前ではない時代の話です。「自分は特権階級だから、人殺しもＯＫ」がまかり通る時代ですから。

涙ぐましい努力です。現代人から見ると、「え⁉　そこから⁉」でしょう。グロティウスは、蕩々と事実を突きつけていきます。そして「キリスト教徒のあいだの法として、これくらいは一致できるよね」と少しずつ合意を得ていくわけです。

ちなみに、民法の基本原則を説いているようですが、国際法の話です。個人でも国家でも、キリスト教世界においては、共通の価値観があると確認しているのです。

「戦争」とは国家と国家の決闘である

では、『戦争と平和の法』の全体像を俯瞰しましょう。

第一巻は、「戦争」とは何なのかを説きます。

その中でも目を引くのは、第二章「戦争を行ふことは、いかなる場合に正しきか」です。グロティウスは、「戦争」自体は悪い行為ではないとします。決して、「戦争」を根絶やしにしようなどと述べません。「戦争」は人間社会でなくならないという前提で、「戦争」にもやり方があるのだという説明につながっていきます。

なお、グロティウスは、軍事合理性に適ったことしか言いません。たとえば、掠奪をやるなというのは、「掠奪をすれば軍事行動が遅滞するでしょ？」といった具合です。無益な殺生が繰り返し行われる現実からグロティウスは国際法を考えたのであって、軍事合理性と関係がない綺麗事は言いません。

グロティウスが考え出した国際法は軍事抜きでは理解できません。

第三章「公戦と私戦の区別、主権の説明」で、グロティウスは「戦争はやってよい。戦争ができるのは誰かというと主権国家である。主権国家とはすなわち国家であり、主権国家といってもわからないだろうけれど、王様を意味し、王様が主権国家である」と言い切ります。

つまり「戦争」とは、国家と国家の決闘である。そして（当時の）国家とは王そのものなのだから、王と王の決闘がすなわち「戦争」である、と言い切っているのです。前世紀にジャン・ボダンが王権神授説を唱えましたが、誰も認めないから三十年戦争に至る大動乱なのです。最も早く絶対主義が完成したフランスでルイ十四世が「朕は国家なり」と豪語できたのは、グロティウスの死後五十年後です。当時のヨーロッパで「国家とは王のことである」と主張するのは殺される覚悟です。それでも「戦争とは王と王の決闘である」と言い切ったのは、殺し合いの悲惨さを少しでも軽減したい、グロティウスによる理想の表明です。

法学者グロティウスは、「決闘の法理」を前提としています。決闘の法理とは、貴族は自分の運命は自分で決せられる存在だという考えです。グロティウスは決闘と、ただのケンカ

民事裁判と刑事裁判

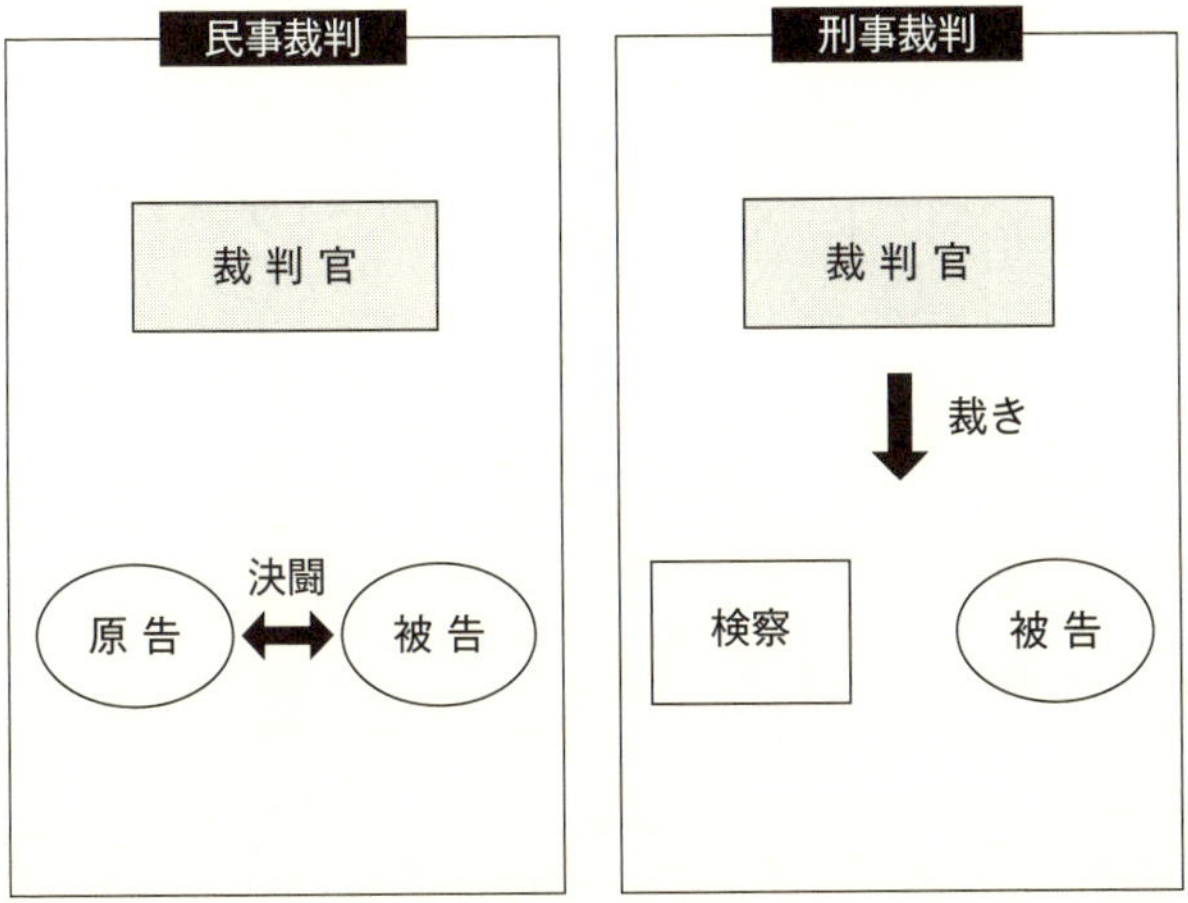

やリンチとの違いを区別して、説明しようとします。

決闘と言えば、既に国内法において「決闘裁判」を紹介しました。ヨーロッパ人は民法を整備していきますが、極めて単純化した言い方をすれば、「民事裁判とは、武器の代わりに法律で戦う決闘」です。図を見てください。

刑事裁判は、裁判官が裁くものです。前近代では被告人が、近代刑事裁判では原告が裁かれます（Due Processと言います）。それに対して、民事裁判は原告と被告の決闘です。同じ裁判という名前でも、やっていることは全く違うのです。民事裁判は個人と個人の決闘、戦争は国家と国家の決闘。国際法は、刑法よりは圧倒的に、民法に近いのです。グロティウスが、民法の如く五原則を最初に言い出した理由が分かったでしょうか。

あなたのペットがリンチされようとしていたら?

第二巻では、戦争が生じる原因を挙げ、「正当な戦争と不正な戦争をどうやって区別するのか」「戦争を開始する時点でどんな法が存在するか」を述べています。国際法でいうユス・アド・ベルム(jus ad bellum)、すなわち、戦争の開戦手続きに関する法につながる考えです。

宗教戦争の時代ですから、戦争自体に善悪をつけるのが当時は普通でした。グロティウスは戦争に善悪をつけるのは勝手だけれど、善悪をつけると戦争が余計に悲惨になると、これもまた遠回しに言っています。

たとえば、相手に降伏を認めないというのは、相手に絶望的な抵抗をさせてしまいます。いろいろな理由があって、自分は正しいと思っているから皆が戦争をやるのだろうけど、何をやってもいいわけではありません。ただし、「ありません」と断言しているのではなく、「何をやってもいいとなると悲惨になりますよね?」と下から目線で問いかけているのです。

この論理を突き詰めると、不正な理由で始めた戦争を遂行している者も、法の保護対象になります。不正な戦争を始めた者に対して、何をやってもいいとしましょう。まず、不正かどうかを、誰がどうやって決めるのでしょうか。やっている本人が、不正だと認めるはずがありません。お互いに「相手が不正だ！　だから何をやってもいい！」とやると、無限大に戦争は悲惨になります。現にヨーロッパの宗教戦争は悲惨になりました。だからこそ、不正な戦争を行っている者に対してすら、法の保護を与えねばならないのです。

なお、グロティウスはこの世に暴力がなくならない前提で考えているので、生命防衛の戦いは許されるとします。それどころか、財産権の侵害に対しても、実は先に物理的暴力を行使していいとします。

なぜ、財産か。「自分の大切な物が盗まれたり傷つけられようとしている時に、殴って良い」と考えるのが文明だからです。これは日本人が意外と知らない点です。もっとも、日本の法律にもちゃんと書かれているのですが。

日本の現行法として「盗犯等ノ防止及処分ニ関する法律」、略して「盗犯防止法（昭和五年法律第九号）」というのがあります。戦前の法律です。第一条で「左ノ各号ノ場合ニ於テ自己又ハ他人ノ生命、身体又ハ貞操ニ対スル現在ノ危険ヲ排除スル為犯人ヲ殺傷シタルトキハ刑法第三十六条第一項ノ防衛行為アリタルモノトス」とし、三号に「故ナク人ノ住居又ハ人ノ看守スル邸宅、建造物若ハ船舶ニ侵入シタル者又ハ要求ヲ受ケテ此等ノ場所ヨリ退去セザル者ヲ排斥セントスルトキ」と書かれ、さらに「前項各号ノ場合ニ於テ自己又ハ他人ノ生命、身体又ハ貞操ニ対スル現在ノ危険アルニ非ズト雖モ行為者恐怖、驚愕、興奮又ハ狼狽ニ因リ現場ニ於テ犯人ヲ殺傷スルニ至リタルトキハ之ヲ罰セズ」とされています。

これは、大正末期から昭和初期にかけて東京で起きた「説教強盗」と呼ばれる犯罪に、当時の二大政党がそんなのは許してはダメだと制定した法律です。「説教強盗」とは強盗に入っておきながら、その家の人間に「ちゃんと戸締まりしろ」などと説教して帰っていくという、人を舐《な》めている、ふざけた犯罪でした。

要するに、「殴られそうになったら、先に殴っていい」です。

日本の戦後の間違った平和教育では、どんな理由があろうと先に殴った奴が悪い、あるいは、どんなに殴られてもお前は殴るなと教えますが、野蛮な考えです。自分の身体に危害を加えられるような時は当然、財産に対する侵害に対しても武力で戦っていいのです。むしろ、守る義務があるというのが文明の考え方です。

現代日本のケースで考えましょう。あなたのペットが、悪者にリンチされようとしていたとします。ただし、その悪者は、あなたには一切の手出しをしないと宣言しています。やめさせるために、その悪者を殴ることは悪でしょうか？　自分が先に殴られていないのに、殴るのは悪でしょうか？　現実に、高校生の不良グループが、小学生が大事にしていたウサギをサッカーボールのように蹴りまわして、殺したという事件がありました。その小学生が泣きながら頼んでも、余計に面白がって蹴りまわしたとか。そういう口で言ってもわからない高校生を、鉄拳制裁してウサギを守ることは悪でしょうか。

ちなみに日本の法律では、ペットは財産です。日本国憲法の思想ならば、「何をされても先に殴ってはいけない」「口で言えばわかる」と考えかねません。下手をすれば、ウサギを殺された子供は泣き寝入りです。せいぜい、賠償金を払われて終わりです。

これに対し、グロティウスは「自分の財産を守るためには武器を持って戦っていい」と教えます。もちろん、この不良高校生の例では、相手に障碍《がい》が残るような傷つけ方はいけませんが、ウサギを守るための暴力は許されます。

この「財産権の侵害に対し個人は実力行使で守っていい」は珍しい考え方ではなく、日本の法律にすら残っているのですが、日本人にはなじみがないでしょう。

いかなる時にも暴力を振るってはならないと考える人たちは、世界では少数派ですが、いるにはいます。たとえば、「良心的徴兵忌避」という行為があります。宗教上、思想上の理由で徴兵に行きたくない人が、一定のボランティア活動で兵役を勘弁してもらうというやり方です。その代わり、「良心的徴兵忌避」を望む人は、愛する人が目の前で何をされていても、それを妨げたり、暴力を振るったりはしないと宣誓させられます。誓ってはじめて、そこまで言うのであれば致し方ないと「徴兵拒否」が認められるわけです。

そうした考え方を、世界の多数派は文明的とは認めません。自分の愛する人、たとえば妻や娘が目の前で何をされても、闘ってはいけないわけですから。

なぜ戦争中の殺しは犯罪ではないのか

話はそれますが、これまた日本人が「文明的」だと錯覚している野蛮な考えを紹介します。

チャールズ・チャップリン監督・主演の『殺人狂時代』という有名な映画に出てきます。『殺人狂時代』という映画は、第一次大戦後のフランスで実際に起きた事件をもとに作られ、第二次大戦後間もない一九四七年四月にアメリカで初公開されました。チャップリン演じる主人公が重婚と連続殺人を犯していきます。そして、遂に逮捕され死刑宣告を受け、独房に収監されます。死刑執行間近のある日、独房を訪れた記者に向って、チャップリン演じる死刑囚が独白します。「一人殺せば悪党で、百万人だと英雄です」「数が殺人を神聖にする」と（DVD『殺人狂時代』字幕より）。

何が野蛮か。単なる人殺しと、愛する者を守るために戦って已《や》むをえず人を殺すことを、「殺人」で一括りにしているからです。

もう少し詳しく説明します。

たとえば、AさんがBさんを町で殺せば、殺人です。Aのやった行為は違法性を通り越して犯罪です。しかし、これが戦争の最中、市街戦で遭遇したときに、AがBを殺しても犯罪ではありません。Bを物理的に殺す点では同じであるにもかかわらず、前者は犯罪で、後者は犯罪ではないのです。条件は国際法で決められていますが、Aがその条件を守ってBを殺した場合、殺人罪には問われません。

なぜ戦争中のそれが犯罪ではないといえるのかという根拠になると、二つの考え方ができます。

一つは、違法性が阻却《そきゃく》されているという考えです。

阻却とは「犯罪の成立要件である行為の違法性、行為者の責任等について、特別の場合にその成立を排除し妨げること」（法令用語研究会編集執筆代表・横畠裕介『有斐閣法律用語辞典』第四版、有斐閣、二〇一二年）です。簡単に言えば、取っ払われているという意味です。

もう一つは、違法に関して責任が問われないという考えです。人を殺すという行為は違法であるには違いないけれども、戦争の時ならば条件次第で責任は問えない、とする考え方です。どちらの説を採るかは国際法学者に色々聞いてみましたが、人により根拠は違いますが、「戦闘中でも人を殺したら問答無用で殺人罪」などという国際法学者は一人もいません。

チャップリンの考え方は、そもそも単純に比較できない二つの行為を比較しています。しかも、財産権に対する侵害も含めて、戦争における戦闘、人殺しは違法性が阻却されているというのを無視した、文明的でも何でもない考えなのです。

ローマ教皇は天台座主《てんだいざす》

『戦争と平和の法』第二巻の複数の章にまたがって、「支配権」という言葉が登場します。主権を、誰が誰に及ぼすかという問題です。

当時のインテリのあいだでは主権という言葉自体はありました。しかし、その中身となると、よくわかっていないのです。というのは、ヨーロッパ人にとっては、王と貴族は対等だからです。つまり、日本の天皇のような存在がないからです。

ローマ教皇が日本の天皇によくたとえられています。これは同時代にやってきた宣教師が、「天皇は教皇、将軍は皇帝みたいな存在だ」と書いたのが広がってしまった結果です。これは甚だ不正確です。

正確にはローマ教皇は日本で言えば、天台座主です。天台座主とは、最澄《さいちょう》が開いた天台宗の総本山であり日本で一番格式が高い寺である延暦寺《えんりゃくじ》の最高の地位にある住職を指します。

天台座主に相当するローマ教皇がいて、足利将軍のような神聖ローマ皇帝がいて、諸大名と同じく諸侯はいるけど、天皇がいないのがヨーロッパです。だから、天皇がどのような存在であるのか、ヨーロッパ人には肌感覚ではわからないでしょう。逆に、日本人もヨーロッパのことが、わかりません。

戦国時代、石山本願寺という日本で凶暴とされる宗教が暴れまわっていました。浄土真宗の寺です。その石山本願寺でさえ、端《はな》から勅願寺になって喜んでいるぐらいです。勅願寺とは、天皇に認められた寺という意味です。

日本の戦国時代にも宗教勢力の争いがありました。特に、延暦寺と法華宗と石山本願寺は三つ巴で殺し合いをしていました。そして最大時、京都の三分の二を焼け野原にしました。ヨーロッパ人なら「たった、それだけ？」と疑問に思うでしょう。三十年戦争その他と比べると。日本の宗教戦争がヨーロッパと比較にならないのは、天皇という調停者がいるからです。最後まで暴れまわったのは石山本願寺で織田信長と十年に及ぶ抗争を繰り広げましたが、最後は正親町《おおぎまち》天皇の命令で戦いをやめます。ウェストファリア条約の無効を絶叫して無視されたローマ教皇と、あまりにも事情が違いすぎます。

日本の戦国時代、京都の戦乱を避けた公家が全国に疎開し、大名のところに居候します。居候のコツとは何でしょうか？　威張り散らすことです。「お前のところに住んでやる」とやるわけです。公家の場合は、「私のような身分の高いものが……」とやります。では、日本で最も身分が高い人は誰かと言えば、天皇陛下です。公家が「身分が高い」根拠は、天皇に行きつきます。現実の天皇は軍事力を持っているわけではないので、時に戦争の調停などをしてくれる便利な存在です。権威として日本人の大半は認めるのです。

かたや、ローマ教皇は自身がプレーヤーです。現実に武力も持っています（年々、衰えますが）。ヨーロッパ各地の国王からしたら、煙たい存在です。ちょうど、戦国大名が延暦寺を煙たがっていたのと同じです。日常的に自分たちと同じように世俗の利権争いをしながら、いざとなれば自分は宗教的権威だとご都合主義を持ち出す。プレーヤーとして危なくなったらアンパイヤ面《づら》するのですから、ややこしい存在です。

外交官とは互いに公認し合ったスパイ

教皇、皇帝、国王、そして貴族たち。ヨーロッパで「国王が主権者だ」と言えば、教皇と皇帝を真っ向から否定する話になるので、やはりグロティウスは遠回しに民法の話をしています。

民法の一つの中核が相続なので、その関連で主権者は誰なのだという話をし、ローマの万民法に絡めて、延々と主権の説明をするのです。

第二巻の第十三章「宣誓について」という箇所には、「異教徒の宣誓にも効力があるのですよ」と書いてあります。当時からすればとんでもない過激な発言です。

第十八章の「使節権」も大事な箇所です。戦争や外交において、使者を送り、敵に向かって自分の意思を伝える行為が、双方にとって有利に働くことがあります。だからこそ、使者を殺してはいけませんという掟《ルール》を作りあおうとなるわけです。

使者とはスパイです。外交官というのは、互いに公認し合ったスパイにほかなりません。

グロティウス以前は、使者は斥候《せっこう》と区別がつかないだけでなく、実際にスパイです。こちらの意思を伝えるなどという代わりに、情報を取って帰るという存在でした。それでも、そうした存在を殺さないのが「お互いのためになるでしょ」と説得しなければならなかったのがグロティウスの時代です。

使者の殺害に関する話を少々。グロティウスよりも約四〇〇年前、「ウェストファリア体制」とはまったく関係のない、鎌倉時代の日本での出来事です。

モンゴル帝国第五代のフビライ・ハーンから使者が送られてきました。時の執権北条時宗は、一二七四年文永の役と一二八一年弘安の役の間に日本にやってきた使者全員を殺害しました。これを「外交の使者を処刑してはならない。国際ルール違反、暴挙であった」のような非難をする人がいます（服部英雄『蒙古襲来と神風』中公新書、二〇一七年）。が、この時代にはそのような国際ルールは存在しません。

何より、この時の北条時宗の場合は、完全に情報をシャットアウトしたいのです。時宗は知らなかったでしょうが、モンゴルは敵国の中に裏切り者を作っておく、間接侵略で相手を滅ぼすのが得意でした。ですから、使者を殺害したのは防諜活動、カウンターインテリジェンスだったのです。

北条時宗が殺害した使者は外交官ではありません。そもそもモンゴルは国交が成立している相手ではなく、使者として来たのは国交を結びに来たのであって、戦争を覚悟するなら殺害してもいいのです。敵の陣地に近くなればなるほど、斥候というのは帰って来られないリスクが高まるのが相場です。ですから北条時宗は、斥候つまり偵察兵を殺したのと同じであって、外交官の殺害にはあたりません。実際、モンゴルは使者が返って来ないので日本の情報がまるで得られず、結果的に惨敗を喫することとなります。

常識人への着地

話を、グロティウスに戻します。

第二十章「刑罰について」では、不必要な拷問、嗜虐趣味の拷問はやめろ、刑罰にも法があるのだと説きます。刑罰はこの世に必要で、神の法に従うものであるといい、基本的には神と歴史に求めています。

第二十二章は不正な戦争原因で戦争が始まることがあると指摘し、片っ端から事例を挙げていきます。

理由がないのは盗賊の戦争だなどと、ごく当たり前のことを並べています。同時代より少し前のイギリスやスペインに実際にあったように、結婚を申し込んで断られて戦争になった事例もありますから。これでもかというように事例を挙げて理屈を並べて進めながら、歴史と神の教えにもっていくのです。

その次の第二十三章では、明らかに不正な場合と正しいとは言えない疑いがあるときも、というふうに、懇切丁寧に事細かな説明が続きます。いろいろと言い訳をしておかなければ、グロティウス自身、いつ殺されるかわかったものではないからです。

そして、第二十四章で、正しい原因で行う戦争であっても、何をやってもいいわけではないという結論に戻っていきます。

さらに「本当は、戦争はできるだけやめたほうがいいよ」と、常識人に着地します。戦争が日常の時代にあって、「本当はやらないほうがいいのだよ」と言うのに、どれだけの勇気を要したことか。

国際法は殺し合いではなく「正式の戦争」のルール

第三巻に入ると、「宣戦布告」がいかに文明的であるか、必要性を説きます。「戦争」は獣の殺し合いではなく、文明人による決闘だからです。殺し合いは単なる野蛮ですが、決闘は特別な人間にだけ許された儀式です。「キリスト教徒は文明人ではないのか。文明人なのだから、獣と同じことはせず、文明人らしく振る舞いましょう」というロジックです。

グロティウスは、どういう理由で「戦争」を始めるのかを説明し、目的を明確にせよと主張します。目的が明確であれば、その目的が達せられた時点で「戦争」をやめられるからです。目的がない戦争は、「戦争」ではありません。人殺しには必ず動機がありますが、目的とは違います。動機と目的の峻別は、殺し合いと「戦争」の分離です。

グロティウスは、国家と国家の「戦争」は、貴族どうしの決闘のようにルールに基づく儀式であるべきだと考えました。その儀式の第一が、宣戦布告です。ある国が別のある国に宣戦布告することで、平時が戦時に切り替わります。味方と敵と中立も発生します。戦っている者、その一方に加勢する者は、味方と敵に分かれます。いずれにも味方せず双方の敵に回る者は、中立です。

宣誓布告がなされることにより、「正式の戦争」になります。

グロティウスが説いた「正戦」とは、「正式の戦争」です。決して「正義の戦争」ではありません。

グロティウスのいう「正式の戦争」とは、主権を有する者によって行わなければならないという意味です。主権に関して長々と、民法まで用いて説明してきました。要するに、「戦争とは文明の儀式である。なぜなら、特別の資格のある者だけが行えるからだ」という論理です。グロティウスは、王を主権者とする領邦主権国家を成立させ、戦争を行える資格を限定しようとしたのです。決闘の特権は貴族だけにあって、平民にはありません。それと同じように、国家にだけ戦争ができる権利をもたらそうとしたのです。

ドサクサに紛れて「人権」を刷り込む

ただし、この説明には何の根拠もありません。他の貴族からしてみても、「なぜ、王だけが特権貴族の中の特権貴族なのか」という理屈は承服しがたいのです。自分たちも王と同じく、特権があるのではないのかと考えるからです。

だからグロティウスも、王権神授を唱えたジャン・ボダンと同じように、「そうしたほうがいい」としか言っていません。そうであるがゆえに、歴史を使った民法の説明で、父の子に対する権利や男の女に対する権利などを長々と述べるのです。

こうした説明を聞いた十七世紀の人は、「王以外の貴族から戦う権利を取り上げるのか」と考えます。当時の読者の意識は、そこにだけ行くでしょう。これは、著者としての「仕掛け」です。読者の意識が別のところに集中しているドサクサに紛れて、グロティウスは「人権」を刷り込みました。

人権の根源の一つは、「人を殺してはいけない」です。人を殺してはいけないという正義、すなわち、法をどうやって実現するのか。それは、主権者が自国の中のすべての人間から暴力を取り上げて、政府だけが暴力を独占することで実現されます。

今の日本でも、日本の政府だけが暴力を独占しています。広域暴力団のナントカ組の暴力が、警察や自衛隊を上回ることはありません。政府以外の誰かが暴力を振るえば、犯罪です。日本国の主権の下で、政府が犯罪を取り締まります。

つまり、主権者が国家内の、自分以外のすべての人間から暴力を取り上げることによって、人権が実現するのです。グロティウスは「人権」という言葉を使わずに、人権について記述しているのです。

原則は許可だが実際に行われるわけではない

さて、主権国家の長である王が宣戦布告をすれば国家全体が戦争当事者となり、相手国も同じく全員が戦争当事者ですから、それぞれに等しく適用されます。

宣戦布告とは、「人を殺しても良い」者の資格を宣言することです。ということは、当事者以外には「人を殺してはならない」と命じているのです。無益な殺生をなくすのが、国際法の意義です。

現代でも、最も確立された国際法の原則として「戦時と平時の区別」「味方と敵と中立の区別」「戦闘員と非戦闘員の区別」が挙げられます。最初の二つは、宣戦布告により明確になります。「宣戦布告」には、重要な意味があるのです。

続けて、第三巻第四章では、平時ではやってはいけない行為の違法性が阻却されるという内容が述べられます。

やって良い行為の例、すなわち、戦時国際法の原型がここに出てくるのが、非常に重要なところです。人を殺しても犯罪ではなくなるのなどは、典型です。

この章は、「敵の領土内にあるすべてのものを殺傷し得る」という項を含みます。また、「戦争の開始前に敵国領土に入つてゐた外国人の場合はいかに考ふべきか」と、中立の考え方が出てきています。「敵の従属者」つまり、敵国国民は攻撃してもよく、それは女子供にすら及ぼされ、捕虜に対しても及ぼされるとします。ただし、及ぼすことができるのが原則だけれども、例外条件を数多くつけていきます。つまり、原則は許可。だからといって、実際に行われるわけではないというのが、リーガルマインドです。

ごく身近な例で、この部分の考え方を説明します。

日本国は自動車の運転を許可していません。原則禁止です。しかし、自動車教習所に通い、試験に合格した者だけには例外的に免許を発行しています。例外条件をクリアすれば許可されるわけです。一六歳以上の人口に対して約七五パーセント（平成三十年度）の人が運転免許を持っているので、許可しているように見えますが、そうではありません。原則が守られているのが二五パーセントであり、例外的に七五パーセントの人に許可しているのです。

「疑わしきは殺せ」が文明の法

法というのは原則と結果で考えるのであって、現実の結果とは異なります。

もう一つ例を挙げます。

日本国政府は原則として借金をしてはいけません。例外的に借金する事態を許可しているだけなのですが、毎年、借金をしています。一九七五（昭和五十）年から現在に至るまで、原則を守れたのは実に三回だけで、ほかは全部例外です。しかし、原則は原則です。なぜかというと、毎年、そのための法律を通さなければいけないからです。と、このように考えるのがリーガルマインドです。

法律は、政治や経済とまったく逆の考え方をします。政治経済は結果がすべてであるのに対し、法律は手続きがすべてです。

リーガルマインドを無視して、「敵の領土内にあるすべてのものを殺傷しうる」かつ「それが女子供にまで及ぼされる」というこの箇所だけで、グロティウスを野蛮だといってはいけません。法には読み方があって、単なる国語力が問われる読書感想文ではないのですから。

戦時国際法の大原則は、「疑わしきは殺せ」です。裏を返せば、「非戦闘員は、殺されたくなければ疑わしい真似はするな」なのです。丸腰に見える女子供に武器を持たせて戦闘員を不意打ちするような真似を禁じているのが、国際法です。

この原則がなければ、どうなるでしょう？

一方の国が戦闘で、「丸腰の女子供だと油断させておいて騙し討ちで敵の戦闘員を殺す」を繰り返したとします。やられた側は、女子供でも油断できなくなります。そうなると、本当に武器を持っていない女子供まで危険になります。

だから、戦時国際法は「疑わしきは殺せ」を徹底することで、非戦闘員が疑わしき行動をとらないように求め、無益な殺傷を減らそうとしているのです。しかも、それが軍事合理性に適っています。戦っている時に、「女子供も殺しに来るかもしれない」とお互いが疑心暗鬼で殺しあうよりは、戦闘員と非戦闘員の区別が明確な方がスムーズです。

グロティウスの原則は、「戦争になれば、女子供だって殺されるかもしれない」という現実を原則として確認しつつ、無益な殺生を減らすために約束事をしましょうと提案しているのです。神様の法則を発見した体裁で。

日本の国際法学者は、「女子供だから無条件に殺してはいけない」との原則を主張します。国際法を国内法のように考えているのでしょう。しかし、国際社会に警察はありません。血に飢えたライオンどうしが殺しあっているのが、国際社会です。そうしたライオンに等しい人たち、戦闘で頭に血が上っている人たちでも守れるような原則を説いたのが、グロティウスです。

降伏は権利、特権である

こうした軍事合理性に適った国際法の原則が適用された例を、紹介します。

一九〇五年の日本海海戦で東郷平八郎連合艦隊司令長官は、ロシアのバルチック艦隊が白旗を揚げても砲撃をやめませんでした。バルチック艦隊が白旗を揚げたのに、静止していなかったからです。ロシアの行為は、国際法に反していました。殺されたくなければ、疑わしき行動は取るなというのが国際法の考え方なのですから。白旗を揚げれば、絶対に殺してはいけない、ではないのです。もし、これが偽装降伏だったら、どうするのか。何も考えずに「白旗を揚げているから攻撃をやめよう」と止めた方が損をします。だから、国際法は軍事と切り離せないのです。

ちなみに、降伏は権利です。しかも、特権です。弾を撃っておいて、負けそうだからといって白旗を揚げても、殺されない状態になるわけではありません。そんなムシがいい話ではないのです。相手が認めてやろうかといったときに、はじめて降伏が認められるのです。

降伏の権利がどこまで及ぶのかという話をしておきます。

降伏したら、捕虜になります。捕虜は、犯罪者ではありません。名誉ある戦士です。国際法を守って戦った戦士にだけ与えられる特権が、捕虜になる権利です。捕虜を取らなければならない、認めなければならないなどという義務はないので、捕虜は権利であり、特権なのです。

何百年もかかって、捕虜の取り扱いに関する国際法はかなり整備されました。

国際法は軍事的合理性の上に成立する

第三巻第四章に「万民法によれば、武器に毒を塗り、或は水に毒を入れることは禁ぜられる」と出てきます。要するに、非人道兵器を使うなという意味です。

例を挙げると、ダムダム弾がそうです。人を殺害するのに、貫通弾で済むところを、なぜわざわざ、身体のなかをぐるぐる回って苦しめて殺すような武器を使う必要があるのか、そういう意味がない行いはやめろという話です。現代社会では、ダムダム弾は廃止されました。これも、国際法が軍事合理性と一体となって進展した例です。

グロティウスは、軍事合理性に適わないような兵器を禁じています。「殺すな」とは言いません。でも、「殺し方に意味がない殺し方はダメだろう」と説きます。そして、少しでも軍事合理性に適わないものから廃絶していこうという考えです。

これが国際法で重視されるユス・イン・ベロ（jus in bello）につながっていきます。すなわち、戦争のやり方の法です。

ダムダム弾をはじめ、ＡＢＣ兵器（atomic weapon：核兵器、biological weapon：生物兵器、

chemical weapon：化学兵器の三つの兵器の総称）、あるいは、今ならばＮＢＣ兵器（nuclear：核兵器、生物兵器、化学兵器）などを使うなというのは、この発想です。

第三巻第五章で掠奪を扱っています。「敵産は、これを破壊し且つ掠奪し得る」と始まります。

「掠奪の法理」という、日本人にはまったく聞き慣れない言葉があります。山内進氏の『掠奪の法観念史』（東京大学出版会、一九九三年）は、それを紹介した本です。

最近、国際法はウェストファリア体制以前から存在したという説が強く言われています。主にヨーロッパ人がそう言いたがり、また、ヨーロッパにかぶれた人が、そうした学問と称するプロパガンダに騙されて書いています。ヨーロッパの歴史学者は、自分たちが暗黒の中世で野蛮だったというのを、ひっくり返したいがために、そう主張するのです。

「掠奪の法理」とは、平たくいえば、掠奪は三日はやっていいというルールや、負けた側は財産や女などを用意しておかなければいけないなどとされるのを、それを破れば余計に悲惨になるのだから、それで済ませようという発想です。

「掠奪の法理」など、日本人にとって聞き慣れないのは当たり前です。そんな概念は日本にはないのですから。

戦闘地域と非戦闘地域が区別される

二十世紀に兵器の破壊力が飛躍的に向上するまで、ヨーロッパの戦争では戦闘よりも略奪の方が悲惨でした。同じ戦闘員どうしだとなかなか殺されませんが、相手が非戦闘員なら楽勝です。しかも、戦利品が手に入ります。

グロティウスの時代より後、十七世紀の王朝戦争の時代になると、戦闘地域と非戦闘地域が区別されるようになります。原っぱで軍隊と軍隊が戦い、それを見物しているような状態です。スポーツのプレーヤーと観客のような感じです。ただし、略奪は別です。国際法も法なので、破る者はいます。

日本の戦国時代でも、敵の領土に入って略奪や破壊を行うのは、重要な戦闘行為です。それをやめろと実現不可能な原則を言っても仕方ありません。自分の領土が略奪されたくなければ、領土の外で戦う。どうしても自分の領土を戦場にせざるをえない場合は、戦闘地域を決め、危なくなる前に住民は避難させる。こうした慣習を繰り返しながら、やがて国際法は確立していくのです。

「ブルガリア人殺し」が、まだマシ

続いて、第六章で「戦争において捕獲したるものの取得権について」というように、捕獲したものの権利に関して、延々と技術論を記述しています。そう言えば、グロティウスは捕獲に関する裁判も行った専門家でした。

そして、第七章で「捕虜に対する権利について」と、捕虜に関して、伝統的な万民法で話を進めます。

ヨーロッパ人は捕虜に対して、実際に野蛮な扱いをしてきたわけです。

まだ東のビザンチン帝国は西よりはマシだとはいっても、捕虜にすればまず目をくり抜きました。ビザンチン帝国皇帝のバシレイオス二世という人は、一〇一四年にブルガリア帝国に遠征したとき、とらえたブルガリア兵一万五千人を百人一組にしてブルガリアに帰します。百人のうち九九人は両目をくり抜き、残る一人は道案内のために片目だけを残して故国に帰らせました。バシレイオス二世は「ブルガリア人殺し」の異名で呼ばれました。

マシな東でこれですから、西はどれほどのものだったか。なにしろ〝スウェーデンビール〟ですから。

日本人にはまったくといっていいくらい、理解不可能な世界です。

第八章では「戦敗者に対する支配権」について言及しています。国内法でも、民事裁判の結果、所有権が移ることはあります。同じように国際社会でも、ある土地の支配権が外交交渉によって移ることがあります。グロティウスは技術論を述べています。

第十一章は「正戦における殺戮権の緩和」です。

殺戮する権利はあるのです。戦争になれば、手加減などできるものかというのが原則ですが、やはり多くの例外をつけます。

「戦争」では、力の加減などできません。当たり前です。それでも、軍事合理性を損なわない範囲で、悲惨さを軽減しようとするのです。

ここで、戦争指導者と従った者とは区別しろ、と述べます。

さらに、無辜の者が死なないように可能な限り配慮しろ、子供も婦女も老人も可能な限り。ただし「重大な犯罪が存しないかぎり」などといろいろな条件をつけ、列挙し、理屈をつけていくのです。ひと言でいえば「疑わしくない行動を取った者は殺すなよ」です。

原則はやってもいいのだけれどとしながら、片っ端から「緩和」といっては事細かに条件を付けていっているという論理で、この調子で十六章まではいろいろと技術論が続きます。

中立は「両方の味方」ではない

第十七章では、「戦争において中立なる者について」と、中立を設定します。中立の存在は交戦双方に都合がいいから設定するのです。

中立は両方の敵です。中立が両方の味方であるというのは、日本人の大いなる勘違いです。

厳正中立というのが、いかに難しいかという例を挙げましょう。

日本は果たして中立国でしょうか。仮にアメリカが東アジアで中国とロシアと戦い始めたとしましょう。そのとき、日本が本当に中立を宣言するというのは、すなわち、在日米軍を日本から追い出すという意味です。

では、それが本当に中立か。米軍を日本から追い出して「アメリカさん、中国さん、どうぞ勝手に戦争してください」とやるのは、一見中立です。しかし、政治的には中国の味方です。本来ならば、日本はアメリカの味方をしなければならないし、日本の基地抜きでアメリカは中国とは戦えませんから。

敵は犯罪者ではない

第十九章では、「敵相互間の信義について」のタイトルの通り、敵とのあいだにも信頼関係が必要だと説きます。つまり、互いにルールを守って決闘しあう貴族どうしであるというところにもっていき、獣どうしの殺し合いである宗教戦争と決別させようとしています。疑わしい行動を取ったときに射殺するのは許される。しかし、拷問をして殺すというのは許されるのか、という問題を問いかけているのです。

敵から信頼される、互いに敵とも信頼しあうことによって文明が成立するわけですから。

ここで言わんとするのは、敵と犯罪者の区別です。

先述のように、敵というのは立場が異なる者です。その目的が達せられれば、立場が入れ替わって味方になる可能性があります。一方、犯罪者というのは「悪」です。

グロティウスが語った涙ぐましいまでの理想

第二十章では、「戦争」は平和条約によって終わることを明記します。なぜなら、「戦争」は決闘だからです。宣戦布告で始まり、平和条約により終わる。戦時が平時に還《かえ》り、味方と敵と中立の区別がなくなり、自動的に戦闘員がいなくなるので非戦闘員との区別が不要になります。

ここでは、捕虜交換の話など具体的な例が出されていきます。原則を述べて、具体論を展開するというパターンです。

十字軍のときには捕虜交換などはありませんでした。もし、そうした事態が起これば、例外的で、ラッキーだったわけです。ラッキーな現象にすぎなかった捕虜交換が日常化されれば、格段の差です。そうやって文明に近づいていきます。

そして、最終章の第二十五章、最後の一章だけが平和についてあてられています。「戦争においては、常に講和を目標とすべきである」と。申し訳程度です。

フーゴー・グロティウスが『戦争と平和の法』で語った、涙ぐましいまでの理想がお判りでしょうか。

そして、現代に生きている全人類は、グロティウスの恩恵を受けているのです。

第四章　「ウェストファリア体制」の現実

玉座の上の最初の近代人

一六四八年に「ウェストファリア体制」が始まった。現代の国際秩序の起点が、この時にある。すべて、後世からの評価です。一六四八年当時の人で、そんな未来を考えた人は一人もいません。天才グロティウスは三年前に死んでいますが、仮に生きていたとしても、そんな未来を断言できるはずがありません。

グロティウス以前から宗教戦争の悲惨さを無くそうとした人は、大勢いました。たとえばフェデリコ二世、神聖ローマ皇帝フリードリヒ二世（在位一二二〇〜五〇年）として知られる人がそうです。

フェデリコは第六回十字軍を率い、異教徒との話し合いで聖地イェルサレムを取り返します。交渉の相手はイスラム教のアイユーブ朝のスルタン、アル＝カーミルです。二人はヤッファ協定を結び、十年間の休戦とイェルサレムの三分の二をキリスト教徒側に渡す内容で合意しました。フェデリコは聖地イェルサレムを無血奪還したのです。

ところが、当時のローマ教皇グレゴリウス九世は、これを認めません。異教徒の血が流れない聖地奪還など、ローマ教皇にとって何の意味もないのです。ローマ教皇は「目的のためには手段を選べ」というスタンスです。

一方のフェデリコにとっては、異教徒を殺さずともイェルサレム奪還という目的が達せられればそれで良く、「目的のためには手段を選ばず」です。より正確に言えば、「結果のためには手段を選ばず」です。

フェデリコ二世は「玉座の上の最初の近代人」と称される人です。しかし、フェデリコのような真人間が出てきても、片っ端から宗教戦争の波に押し流されて、千三百年が過ぎ去りました。現に、フェデリコ二世の精神を継いだ、後継者に当たる人はいません。それどころか晩年のフェデリコは教皇に包囲され、苦境の中で病死し、その死後は皇帝の地位が六十年も空白になってしまいます。戦いが終わってみれば、教皇庁の完勝でした。中世ヨーロッパでは、皇帝ですら、この程度しかできないのです。

フェデリコ2世

フェデリコの「異教徒だって、殺さなくてもいいじゃない」という思想は、一二〇〇年代のヨーロッパでは少数派にすぎなかったのです。

同時代の日本は善政で知られる鎌倉幕府の時代です。「民を宝と思え」の建前が徹底していました。だから、日本人には、「異教徒は殺さなければならない」とする、中世ヨーロッパ人の思考回路は理解しがたいと思います。

「ウェストファリア体制」の成立は一九〇七年だ

一六四八年のウェストファリア条約締結以降も、近代的な思想を押し潰そうとする動きはありました。「人を殺してはならない」という価値観の起点であり、それ以後は「異教徒を殺さなければならない」とする思想が二度と多数派にならなかったから、一六四八年が「ウェストファリア体制」の成立なのです。

ところが、しかし、「ウェストファリア体制」は神話にすぎないとの見方をする人がいます。さすがに「ウェストファリア体制」について扱うのに、この本を無視するわけにはいかないので読んだのが、明石欽司《あかしきんじ》『ウェストファリア条約 その実像と神話』（慶應義塾大学出版、二〇〇九年）です。明石氏は国際法の専門家で、同書は二十五年をかけた労作です。延々六〇〇頁にわたって、「ウェストファリア体制など神話に過ぎない」との説を展開します。

六〇〇頁中、文献一覧が三五頁、索引が一五頁です。貶《けな》す前に断っておきますが、史資料に基づいて事実を提示し、実証的に評価している大作です。趣旨を要約すると、「ウェストファリア条約以前から宗教戦争の悲惨さを軽減しようとする外交的な動きはあり、ウェストファリア条約でもって、ある日突然、主権国家の並立体制ができたわけではない」という結論です。

これに対する私の反論は一言。「何を今さら？」。もう少し詳しく言うと、「そんなことは最初からわかっている」です。

最近は、「吉田松陰や西郷隆盛はテロリストだった！」と主張する本が流行しているようですが、それと同じです。「知ってるよ」で終了です。特に日本近代史を専門としなくても、松陰が処刑されたのは当時の老中を殺そうとしたからですし、西郷は徳川を挑発するために手下に江戸の町で乱暴狼藉を働かせました。事実として否定しようがありませんが、問題はその評価によって何を言いたいかです。

明石氏は、「一六四八年に現在の国際秩序がスタートしたのではない。何も考えずに、軽々しくウェストファリア体制などと使うな」と言いたいのでしょう。ならば、「ウェストファリア体制」の成立は一九〇七年です。本当の意味での「ウェストファリア体制」を求めるならば、一九〇七年だと評すべきでしょう。そして、この場合の「ウェストファリア体制」は、日本語です。

その理由を縷々説明します。

ゲームとしての「戦争」

まずは、前章のおさらいから。

グロティウスが提唱したのは「正式の戦争」でした。グロティウスが「正義の戦争」＝「正戦」を否定したのは、戦争それ自体の正義を求めるから余計に悲惨になるのだという理由からでした。

現実に戦争はなくならないけれども、悲惨さを少しでも軽減することはできる。そのための掟《ルール》が国際法でした。戦争でもやってはいけない行為があるのだというところから、戦時国際法が整備されていきました。「戦争」とは、選ばれた者だけに許された神聖な儀式であり、文明国家の法であり、決闘の法理です。

グロティウス以前の戦争には正義と悪がありました。正義の戦争では、〝悪〟である相手には何をやってもいいのだという差別戦争観が当然でした。しかし、そこから離れ、目的を限定した無差別戦争観に移っていきました。

グロティウスは「戦争に正義も悪も言うな。正式の戦争と、そうではない戦争があるだけである」と提唱したのです。

グロティウス以後の歴史をざっくり概観しましょう。

一六四八年にウェストファリア条約が締結されたとはいえ、三十年戦争の主要当事者である、フランス・ブルボン家とスペイン・ハプスブルク家は戦いをやめるどころか、一六五九年にピレネー条約が調印されるまで戦いを継続していました。この一事を以て明らかなように、一六四八年に「ウェストファリア体制」はできたのかという議論自体が、意味のない議論です。そもそも、一六四八年で三十年戦争の何もかもが終わったわけではないので。

しかし、ここから相手を皆殺しにするまで終わらない宗教戦争が終わり、目的限定戦争になり、戦争にルールができてゲームになっていくわけです。

決闘というのはゲームです。作法もあります。ルールと作法があるから決闘です。「戦争」はまさに決闘になりました。

以後、ヨーロッパの中では、王様どうしの決闘である「戦争」が繰り広げられます。これを「王朝戦争」といいます。ウェストファリア会議以降の、主要な戦争の歴史を押さえておきます。

ヨーロッパのルールが世界の法に

一六八三年、オスマン・トルコ帝国による第二次ウィーン包囲作戦を契機に、大トルコ戦争が勃発しました。ハプスブルクは、ドイツ諸侯やポーランドとともにカトリック神聖同盟を結成して抵抗します。トルコが攻めてきたらヨーロッパが結束するのが常です。この時はポーランド国王ヤン三世（ポーランド人はソビエスキと呼ぶらしい）の活躍で、同盟軍が大勝利しました。

ヨーロッパ連合軍は逆襲し、ハンガリーをトルコから奪い返します。そして、一六九九年にカルロヴィッツ条約を結んで、戦いは終わります。オスマン・トルコ帝国の縮小が始まったのは、ここからでした。これ以降、有色人種が白人に勝った戦いは、三百年間ありませんでした。ヨーロッパのルールが、世界の法になっていく端緒です。

なお、この時にロシア（モスクワ）がヨーロッパだと認められました。

大トルコ戦争の最中の一六八八年、ファルツ継承戦争が起きています。フランス国王ルイ十四世が神聖ローマ帝国のファルツ伯領の継承権を主張し、ファルツに侵入。これに対して、アウクスブルク同盟を結んだ神聖ローマ皇帝、ドイツ諸侯、イギリス、オランダ、スペイン、スウェーデンが戦いました。はじめは優勢だったフランスが途中から失速し、一六九七年、ライスワイク条約締結で、結局、ルイ十四世のファルツ伯領継承権は認められず、戦いは終わりました。

外交交渉の手段になった「戦争」

一七〇一年、今度はスペイン継承戦争が起きます。

スペイン・ハプスブルク家最後の王となったカルロス二世は嗣子《しし》がいなかったので、フランス王ルイ十四世の孫であるアンジュー公フィリップを継承者として定めました。スペイン王フェリペ五世です。ちなみに、ルイ十四世の妃マリア＝テレサ、つまり、アンジュー公フィリップの祖母もスペイン・ハプスブルク家出身でした。

これに危機感を抱いたイギリス（戦争中にイングランドから改名）が、オランダやオーストリアと同盟を組み、フランスに宣戦します。同盟側優位のまま、一七一三年のユトレヒト条約、一七一四年のラスタット条約の成立で戦争が終わりました。

フランスが推すフェリペ五世の王位が認められ、スペイン・ブルボン家が誕生します。フランスは三百年間、オーストリアとスペインの両ハプスブルク家に挟まれていましたが、その苦しみから逃れることができました。フランスとスペインは当時の欧州で一位二位の陸軍国ですから、ヨーロッパ随一の陸軍力を持つこととなります。

一方、対仏大同盟を主導したイギリスも、スペインからジブラルタルを奪いました。ジブラルタルは無敵の要塞で、後の大英帝国の覇権を支えます。フランスやドイツが地中海から艦隊を動かそうにも、ここの要塞を抜けないので、イギリスの海上覇権は揺らがないのです。

スペイン継承戦争で、イギリスもフランスも得るものを得ました。「戦争」は外交交渉の手段になったのです。ゲーム感覚で軍隊を動かして敵に打撃を与え、占領地を返す返さないで交渉する。この戦争だと、「お前の家の王位継承を認めてやるから、ジブラルタルは俺のものだと認める」「よし、それならいいだろう」というやりとりをしているのです。外交が主で、戦争は手段にすぎません。「目的が人殺し、外交などする奴が悪」という時代とは、隔世の感があります。

牧歌的な「戦争」の時代へ

スペイン継承戦争と同じ頃の一七〇〇年、大北方戦争が始まっています。三十年戦争後に勢力を拡大したスウェーデンと、それを抑えたいモスクワ、デンマーク、ポーランド、プロイセン、ドイツ諸侯の間に起こりました。

結局はスウェーデンが負けて、モスクワがロシア帝国になった戦争です。東でロシアが大国として勃興していき、それまでの大国スウェーデンとポーランド、そしてデンマークも落ちぶれていきます。東欧では、ロシアだけが大国という状況になっていきます。スペイン継承戦争よりも八年長く続き、一七二一年に終わります。

五大国のうちイギリス、フランス、オーストリア、プロイセンは西で、東では大国に仲間入りしたロシアがそれぞれ戦争を行っていました。フランスは大北方戦争に艦隊を派遣するなど、ちょっかいを出す程度で、基本は西ヨーロッパでの戦争と東ヨーロッパでの戦争が別々に戦われています。

さらにオーストリア・ハプスブルク領の継承権をめぐって、オーストリア継承戦争が起きました。

一七四〇年、神聖ローマ皇帝カール六世が亡くなり、その長女であるマリア・テレジアがハプスブルク領を継承すると、フランス国王ルイ十四世の孫であるスペイン王フェリペ五世をはじめ、ザクセン、バイエルンなどの諸侯が継承権を要求します。プロイセン王フリードリヒ大王は、マリア・テレジアの継承を認める条件としてシュレジエンを要求し、占領しました。シュレジエンはオーストリア領内で地下資源が豊富で、人口も多く、鉱工業が盛んなところです。プロイセンのフリードリヒ大王がオーストリア領シュレジエンを奪ったのを、ハプスブルクのマリア・テレジアが奪い返しにいきました。

ハプスブルクと対立をしてきたフランスはプロイセン側につき、イギリスはオーストリア側について戦いました。戦場でばったり遭ったイギリス軍とフランス軍が、お互いに「先に一発どうぞ」と言い出し、フランス軍が全滅しました。昼間は軍隊どうしが決闘をしていても、夜になるとパーティで互いに感想戦をやっているというような牧歌的な戦争でした。

完全に、「戦争」がスポーツと化しています。

もはや「鎖国」など不可能になった

一七五六年、七年戦争が起こります。西はイギリスから東はロシアまで、ヨーロッパの五大国の全てが関わりました。三十年戦争以来の「欧州大戦」でしたが、「世界大戦」にもなります。

ヨーロッパの大国にとって、戦争目的は欧州域内の外交です。島国で、極端な陸軍軽視海軍偏重のイギリスすら、それまではヨーロッパ大陸での戦争が主でした。イギリスはヨーロッパとの外交交渉で、イギリス海軍が海外で獲ったものを返してやるかわりに、大陸では他の国の譲歩を引き出しては利益を得ていました。

そのやり方を変えたのがウィリアム・ピット、大ピットです。

大ピットは、プロイセンのフリードリッヒ大王に軍資金をやって、墺仏露の三大国と戦わせます。四大国がヨーロッパ大陸で戦っているあいだに、イギリスは海外の北米（カナダとアメリカ東海岸）とインドをフランスから奪います。戦争が終わって一七六三年パリ条約が結ばれた時、大英帝国は世界最強の国になりました。

なお七年戦争中に、イギリスはマニラを攻略しています。これは日本にとっても意味があることで、もはや「鎖国」など不可能になったことを意味します。一六三九年の江戸幕府は、ポルトガルとスペインに「来るな」と命令し、オランダを長崎の出島に閉じ込める力がありました。だから、「鎖国」が可能だったのです。これは三十年戦争中の出来事ですが、日本は武装中立が可能だったことを意味します。しかし、「鎖国」から百年以上たって平和ボケした日本には、そんな力はなくなっています。仮にイギリス軍艦が七年戦争の最中に日本にやってきたら、何が起きたかわかりません。ちなみに五十年後の一八〇八年にはフェートン号事件でイギリス軍艦一隻に長崎を荒らされ、なすすべがありませんでした。

十八、十九世紀は帝国主義の時代と呼ばれますが、アジアの四大帝国だったトルコ、ペルシャ、インド、清がヨーロッパ列強に食い物にされる時代です。その嚆矢が、七年戦争なのです。

ところで、この七年戦争において、プロイセンのフリードリヒ大王は教訓を残しました。

プロイセンはフランス、ハプスブルク、ロシアという三大国に包囲されました。しかし、フリードリヒ大王は軍事の傑物でしたから、ベルリンを二度攻略されながらも、プロイセンを守りきります。もし、ここで負けていれば、フリードリヒ大王は自殺も考えていましたが、それでは済まず、プロイセンも大国の地位から自動的に滑り落ちていたでしょう。それどころか、プロイセンという国が残っていたかどうかすら、アヤシかったのは確かです。

「戦争」とは主権国家という、人でいえば貴族にあたる存在だけが、特権として行える決闘です。では、決闘である「戦争」ができる特権を持てる資格はというと、存在を抹消されないという一点です。国と国でいえば、国が滅ぼされるような負け方をしてはいけません。総力を滅ぼされない存在が主権国家なのですから。

フリードリヒ大王は自力救済によって、それを示しました。理屈だけをいえば、トートロジーですが、世の中は合理的な理屈だけで動いているわけではありません。理屈よりも大事なのは、事実です。

国際法はヨーロッパの内と外で二重基準

では、自力救済を行えない国は何なのか。そういう国は国を名乗っていても、国ではありません。エサです。歴史用語で、植民地と呼ばれます。

アフリカ、中南米、アジアの国々は、ヨーロッパ人に植民地にされました。エサに「戦争」を行う特権はありません。文明人ではないからです。

王朝戦争の時代に慣習が積み重ねられ、国際法（International Law）が定着していきます。「ウェストファリア体制」は進展します。ただし、国際法を名乗っていても、実態はヨーロッパ法です。日本人も「欧州公法」と正確に訳しました。あくまで、イギリスからロシアまでの、キリスト教国の法です。ヨーロッパの外の異教徒、有色人種相手には適用されません。自力救済が行えない国はエサにされるだけです。エサ相手に、法は関係ありません。

国際法は、ヨーロッパの内と外で二重基準であった。この事実を無視して、なぜ「ウェストファリア体制」が日本語なのかは、絶対に理解できません。

「ホワイトハウス」の語源

七年戦争で独り勝ちしたイギリスを、フランス以下全ヨーロッパでリンチにしたのが、アメリカ独立戦争です。

最初は、ジョージ・ワシントンというイギリス植民地の軍人がフランスに唆《そそのか》されて国王に対して謀反を起こしたのですが、途中からフランスが表立って介入して、イギリスを倒してしまいました。そして、「北米東海岸の謀反人たちに国を作らせてやれ」と認めさせました。これがアメリカ合衆国です。アメリカや日本の教科書では、「英雄ワシントンがジョージ三世に武器を持って立ち上がり～」などと映画『スターウォーズ』並みのフィクションが書かれていますが、無視してください。当時のアメリカは、英仏の外交交渉の道具です。イギリスも「いざとなればアメリカ合衆国など殴れば終わり」と思っていましたので、「この程度で和議ができるなら仕方ない」と受け容れました。

ちなみにイギリスはアメリカを、本当に一八一二年からの英米戦争でタコ殴りにし、大統領官邸を焼き討ちにしました。そのあまりにみっともない姿を隠すために、焼け跡をペンキで白く塗ったのが「ホワイトハウス」の語源です。さらにちなみに、国歌「星条旗」は「イギリスの砲撃で脅されながら降伏を迫られて眠れない一夜を過ごしたが、我々の国旗は翻っている」という歌です。要するに「殴られっぱなしだけど、負けなかったボク偉い」と、自分を褒めている歌なのです。

その後も、アメリカが主権国家として存続できたのは、ヨーロッパの都合です。アメリカ大陸は北のカナダとアメリカ合衆国だけはアングロサクソンですが、メキシコ以南はラテンです。ブラジルはポルトガルの、その他ほとんどはスペインの植民地でした。だから、旧大国スペインの影響力を削るために、アメリカ合衆国を扶植したのが実態です（そんな惨めな立場から世界の覇権国家にのし上がったのだから、アメリカ人は大したものですが）。

自力救済できるのが主権国家の条件

自力救済ができるのが主権国家の条件です。もし、ヨーロッパの大国の意思が一致して、「お前を消す」となった場合、どうなるでしょうか。力がなければ、本当に消されます。

ポーランドは十八世紀末には大国としての力を完全に失っていましたが、一七七二年〜九五年のポーランド分割によって、地球の地図から消されました。露普墺の周辺三大国がそう決めて、抵抗できなかったからです。これを「戦争」と呼ぶ人はいません。なぜなら、ポーランドには自力救済どころか、「戦争」を行う能力すらなかったからです。「戦争」とは、資格のある者だけに許された特権であると痛感させられます。

自力救済できない国の運命はみじめですが、大国どうしの「戦争」は牧歌的です。一七七八年～翌年の「ジャガイモ戦争」は象徴的です。ドイツのバイエルン家の継承をめぐってオーストリアとプロイセンが戦った「バイエルン継承戦争」では、実際は戦闘などほとんど起こらず食糧調達に終始したので、「ジャガイモ戦争」と呼ばれます。墺普両国は、テキトーなところで妥協しました。

徴兵を組織化したナポレオン

王朝戦争は、王様どうしのゲームです。領土や王位継承など、何らかの目的をめぐって争われる政争であり、その外交上の手段が戦争です。宗教が目的で「相手を皆殺しにするまで終わらない」時代の戦争とは、ここまで様変わりしました。宗教と名がつこうがつくまいが、「自分だけが正しい」と信じるイデオロギーが絡まないだけで、人間は文明的になれます。

こうした牧歌的な「戦争」のあり方が危機を迎えるのが、フランス革命・ナポレオン戦争です。

一七八九年に勃発したフランス革命は、ブルボン王家のルイ十六世を殺し、王制を廃止して共和国となりました。永世中立国（つまり未来永劫、全世界の敵であると宣言している国）のスイスを除けば、当時のヨーロッパの国は全員が王制です。しかもフランスの共和政権は「革命の輸出」を目論み、着手します。王制と共和政のどちらが生き残るかの戦いが始まります。ここに「王朝戦争」は終わりを告げました。利害をかけてゲームを行う「戦争」ではなく、生きるか死ぬかの戦いです。

フランスは強く、ヨーロッパ連合軍は潰せません。もし、瞬時に革命政権を潰して王政復古をしていれば、「王朝戦争」の時代に戻ったかもしれませんが、そうはなりませんでした。フランスに、ナポレオン・ボナパルトという戦争の天才が現れ、全ヨーロッパを敵に回し、連戦連勝しました。その理由はいくつかあるのですが、注目すべきは「国民」の登場です。

王朝戦争の時代、実際の戦場で戦うのは、王様が雇った傭兵でした。この人たち、プロの軍人ですが、命を懸けてまで戦う気はありません。「フランス共和政を潰せ！」と言っても、

「なぜ。自分の命を捨ててまで?」という連中です。だいたい、傭兵の本場はスイスですから、「共和政の何が悪い?」と大半の兵士たちは思わざるをえません。

例外は、ルイ十六世を守って最後まで戦ったスイス傭兵たちです。狂暴な革命軍から善良な国王を守ろうと、すべての兵士が死ぬまで戦い、運よく生き残った者は動けなくなって捉えられただけで全員が重傷、というすさまじい戦いでした。やる気のない戦いのオンパレードの傭兵の歴史で、例外中の例外です。

いざとなれば祖国に逃げ帰れば良いプロの傭兵に対し、フランスの国民は自ら軍を組織して必死に戦いました。フランス国民軍は、逃げる場所がどこにもないから必死です。しょせんはアマチュアなので最初は苦戦しますが、ナポレオンの登場以降は連戦連勝です。このあたりの詳細は、小著『嘘だらけの日仏近現代史』(扶桑社新書、二〇一六年)に書いたので、ご参照を。

ナポレオンは徴兵を組織化しました。高級品の傭兵に対し、ナポレオンは無尽蔵に兵隊を動員できます。こうして、千年以上もヨーロッパの戦争で主役だった傭兵が退場し、国民軍が登場します。そして国家そのものが、一つの国民が一つの国家を持つ、国民国家に変貌します。それまでは、王様の領地が国家で、貴族など特権階級はいましたが、圧倒的多数の領民は家畜と同じです。国王や貴族たちは、領民を同じ人間だとは思っていません。人の形をした家畜です。しかし、そうした時代は過去になりました。国民が自ら武器を持って、「我々は家畜ではない」と示したのです。

もちろん、貴族の特権意識が一夜にしてなくなるなんてことはありませんが（二十一世紀の現代でも極めて強く残っている）、今までのように家畜同然に扱っていては国が成り立たないことを実感させられました。

ナポレオン戦争（一七九九～一八一五年）で、王朝戦争は完全に終わりを告げます。国民全員が徴兵制で駆り出されるようになり、「戦争」が王様どうしの決闘ではなくなりました。

枠組みそのものは否定していない

では、宗教戦争の時代のように、血に飢えたライオンの殺し合いに戻ったのか。ときどき不勉強な学者が「ナポレオン戦争でウェストファリア体制は終わりを告げた」と書いたりするのですが、その方は「ウェストファリア体制」の定義を「王朝戦争の時代」としているのでしょう。その定義の正当性が理解できないので、本書では無視します。

歴史を見る上で重大なのは、ナポレオンがどのように潰れたか、です。

当時、ナポレオン政権打倒を叫んだのはヨーロッパの全員です。フランス以外の大国である英露墺普に加え、フランスのナポレオン政権下で外務大臣を務めたタレイランも加担します。結果、ナポレオンは潰され、王政復古になりました。タレイランは、フランス革命以前の秩序に戻そうと提唱し、ウィーン会議で他の四大国と合意します。この会議は一八一五年に終了し、以後の国際秩序は「ウィーン体制」と呼ばれます。

ただし、「ウェストファリア体制」の枠内で大きな変容は起こりましたが、「ウェストファリア体制」の枠組みそのものは否定していません。

当時の四大国の全員が、ナポレオン政権の打倒では一致していましたが、フランスという国家そのものを抹殺しようとは考えていませんでした。実際、フランスがポーランドのように、地球の地図から消されることはありませんでした。これはタレイランがナポレオンの首と引き換えにフランスの存続を四大国と合意できたからですし、それを認めさせるだけの軍事力がフランスにあったからです。負けてもなお、フランスはヨーロッパ一の陸軍国でした。

敗戦後のフランスに対仏大同盟の占領軍は進駐していました。一方で、負けたフランスも、その占領軍に国際法を守らせるだけの陸軍を持っていました。かつて国際法は、王様と王様の約束でした。約束というより、仁義です。破れば報復されるからです。ただし、報復する自力救済できない相手との仁義など守りません。この点、王様が主体なのか、国家が主体なのかの違いだけで、原理は同じです。

死人が増えただけ

一六四八年に始まる領邦主権国家体制は、一八一五年に国民国家体制へと変容します。国際法は変容しましたが、慣習を積み重ねることで、さらに定着しました。

だから、ナポレオン戦争やウィーン会議で「ウェストファリア体制」は終わったなどと、勝手に勘違いしてはいけません。兵器の発達や戦争形態の変化で、死人が増えただけです。フランス革命に対する干渉戦争はイデオロギーの戦いでしたが、最終的にはウェストファリア体制に着地しています。共和政体、あるいは勝手に皇帝を名乗ったナポレオン政権の抹殺は目的でしたが、フランスという国家そのものを打倒しようとは、誰も考えていませんでした。結果的にですが、フランス革命・ナポレオン戦争は「ウェストファリア体制」の枠内に収まりました。危うい場面もありましたが、かつての宗教戦争の時代に逆戻りはしませんでした。

南北「戦争」ではなく「内戦」

ナポレオン戦争は、国民が総動員される、国民戦争になりました。前の時代の王朝戦争とは決別し、死者は激増します。しかし、戦闘員と非戦闘員の区別はあります。宗教戦争の時代のような、「女子供も殺せ！」という凶暴さとは無縁です。巻き込まれて死ぬ人はいますが、それを禁ずる国際法の建前があります。相手の総力を抹殺しようとする、後の時代の総力戦とも違います。

総力戦の萌芽といえば、むしろ南北戦争（一八六一～六五年）です。南北戦争は、アブラハム・リンカーンが奴隷解放を公約に大統領に当選したのに抗議し、南部の諸州がアメリカ連合国を結成して連邦を離脱し、それを許すまじとした北部と行った殺し合いです。日本語では南北「戦争」と呼ばれますが、アメリカ合衆国公式見解は「内戦」です。対等の「戦争」の相手とは、絶対に認めません。

総力戦においては、勝った国は負けた国の政治体制を作り変えます。すなわち憲法を押し付けます。ところが南北戦争でアメリカ合衆国は憲法押しつけどころか、アメリカ連合国という国の存在自体を抹殺しています。アメリカ連合国の指導者を戦争犯罪人だと決めつけて裁判と称するつるし上げを行います。そして、南部は奴隷制を行った悪の集団だと教育し、全世界に喧伝しました。

当時のアメリカは世界の辺境だったので他の国には何の影響もありませんでしたが、やっていることは二十世紀の総力戦と同じです。

アメリカなど、当時のヨーロッパからしたら、辺境の蛮族の地です。そしてアメリカ合衆国など、しょせんは小国です。南北戦争直後のアメリカは、隣国のメキシコに対してすら何の影響力も及ぼせません。

当時のメキシコ皇帝はハプスブルク家のマクシミリアンでした。オーストリア皇帝のフランツ・ヨーゼフ一世の弟です。ナポレオンの甥ナポレオン三世の口車に乗せられ、メキシコで皇帝になりました。マクシミリアンがメキシコに渡るや、メキシコ革命が起きます。アメリカはマクシミリアンを支援するフランスに、「ヨーロッパは介入するな」と啖呵を切ります。と、そこまではよかったのですが、「では、メキシコにいうことを聞かせてマクシミリアンを無事に連れて帰れ」と反論されても、何もできません。

結局、マクシミリアンはメキシコ革命軍の捕虜となった末、銃殺刑に処されました。

〝半〟主権国家だったトルコ、清

ナポレオン戦争が決着した一八一五年以降は、「ウィーン体制」と呼ばれます。英露両国は世界中で覇権抗争をします。十九世紀に「エサ」として狙われたのは、アジアです。西から、オスマン・トルコ帝国、ペルシャ帝国、ムガール帝国、大清帝国が、英露両国に食い荒らされました。いずれも、かつてはヨーロッパ全部を足しても上回る国力を持っていた、大帝国です。英露をはじめヨーロッパ列強は、既にアジアの大帝国を食い物にする力を蓄えていました。この中で、インドのムガール帝国は植民地にされてしまいます。

白人のキリスト教国は有色人種の異教徒に対し、「お前たちは文明国ではない」と価値観を押し付けました。この場合の文明とは、国際法です。当時の国際法体系、すなわち「ウェストファリア体制」はヨーロッパの内外で二重基準です。国際法はヨーロッパ公法にすぎず、ヨーロッパのキリスト教国以外には適用されません。弱い民族は次々と植民地にされました。

ただ、トルコや清は、アフリカや他のアジアのような、植民地にされてしまうほど弱い国ではありません。そこでヨーロッパ列強は、不平等条約を押し付け、半植民地状態にします。形式的には主権国家として扱うけれども、実質は植民地のように扱うということです。形式が半分、実質が半分で、〝半〟主権国家と理解しても構いません。

要するに、キリスト教国が異教徒に自分たちの法を押し付けたのです。

日本は戦わずして植民地にはならず

アジアの帝国がヨーロッパに完全屈服したのが、一八五三年クリミア戦争です。トルコに侵攻するロシアに対し、英仏が軍事介入して押し戻しました。一八五六年パリ条約が締結し、トルコも調印します。

この時のオスマン・トルコは、半文明国という扱いです。非文明国、野蛮国ではないけれど、対等の国として扱われていない位置づけです。一方的な上下関係でしかありません。ヨーロッパが文明国でその他は野蛮国という二段階の分類に、中間カテゴリーの半文明国というのを作ってもらっただけの話です。

同時期に日本は、不平等条約を結んでいます。一八五三年に開国し、一八五八年に英仏露米蘭の五カ国と不平等条約を結びました。戦わずして半主権国家に叩き落とされました。力の差は歴然でした。しかし、戦わずして植民地にはならず、半文明国の地位は守りました。徳川数百年の泰平に慣れ、何の軍事努力もしなかった日本としては、これしか方法がなかったでしょう。さもなくば、植民地にされても仕方がない力の差でした。

ヨーロッパ以上に「文明」を守ると証明

一八一五年にウィーン体制が成立し、平和が日常となりました。以後、英露仏墺普の五大国どうしの直接対決は、一八五三〜五六年のクリミア戦争だけが例外でした。

この中で大国の末席だったプロイセンが、ドイツ統一戦争を仕掛けます。すべてプロイセン首相のオットー・フォン・ビスマルクの仕掛けでした。だから、「ビスマルク戦争」とも言います。ビスマルクは三つの戦争に勝利し、ドイツ帝国を建国します。

一八六四年普丁戦争では、デンマークを叩きのめしました。国境紛争で揉めていたデンマークが、「自分もドイツだ！」と言わせないようにするのが目的でした。

一八六六年普墺戦争では、オーストリアを叩きのめしました。ドイツ諸邦が一つの国にまとまるとしたら、神聖ローマ皇帝を六百年続け、今もオーストリア皇帝を名乗っているハプスブルク家を盟主とするのが、当然の見方でした。しかしビスマルクは力でねじ伏せ、オーストリアを統一ドイツに入れないようにさせるのが目的でした。

一八七〇年普仏戦争では、フランスを叩きのめしました。フランスにドイツ建国を邪魔させないようにするのが目的でした。戦いの最中に皇帝ナポレオン三世が捕虜となり、プロイセン軍のパリ占領で帝政崩壊どころか、フランス全体が無法地帯と化します。しかし、フランスそのものが崩壊することはなく、やがて第三共和政の政府が成立し、国としての秩序が回復していきます。

ビスマルクは一八七一年にドイツ帝国建国式典を行いますが、以後のヨーロッパは平和を取り戻します。ヨーロッパ間で紛議が発生すると、ビスマルクが調整役を果たしました。

当時はヨーロッパの五大国が、そのまま世界の五大国です。五大国の関心がヨーロッパの問題に集中している時に、日本人は明治維新の改革を行いました。

そもそも、明治維新は何のために行われたのか。不平等条約を撤廃させ、日本を文明国だと認めさせるためです。そのために、あらゆる面で日本は努力しました。

まず取り上げるべきは富国強兵、殖産興業で富を蓄えて強い軍隊を作りました。文明国であると示すために、法律など諸制度を整備しました。

日本は決して西洋の猿真似をして、彼らが文明と称する理屈を直輸入したのではありません。たとえば人権です。幕末に不平等条約を押し付けられた時、日本は文明国ではないと扱われました。実際、「切り捨て御免のような法に従えるか」と責められた時、力でも口でも言い返せません。「これが我らの法だ」と言い返す力はなかったのです。だから、必死に彼らの説く文明を学びました。そして、当時のグローバルスタンダードである「文明国の通義」に則りつつ、そのすべてが自らの歴史に由来する法を打ち立てたのです。

人を殺してはならない。確かにそうだ。それは日本では『古事記』の時代からの思想だ。西洋に押し付けられるまでもなく、我が国の法なのである。こうした考えを「歴史主義」と呼びます。歴史主義に基づいてまとめられた法典が、大日本帝国憲法なのです。帝国憲法こそ、「我々は文明国だ」と西洋人に突きつけた挑戦状なのです。そして、西洋の誰もが日本人を認めざるをえませんでした。詳細は、小著『帝国憲法物語』（ＰＨＰ研究所、二〇一五年）をどうぞ。

そして日清日露戦争に勝利し、実力で主権国家としての資格を突きつけました。すなわち、「キリスト教国だけが文明国ではない」と。その間、北清事変では英仏露普墺米伊と連合軍を組んで戦いましたが、他の国が略奪にいそしむ間も日本軍だけは戦時国際法を守って戦いました。

ヨーロッパが押し付けてきた「文明」を、彼ら以上に日本が守ると証明したのです。

一九〇五年のポーツマス講和条約は、キリスト教国以外の国が「ウェストファリア体制」を対等に受け入れた瞬間でした。日本は一九一一年の不平等条約撤廃で完全に対等になり、一九一九年のヴェルサイユ会議で正式に大国として認知されます。

大日本帝国が欧州公法を国際法にした

さて、結論です。なぜ日本語の「ウェストファリア体制」は一九〇七年なのか。

一九〇七年は元号では明治四十年、日本にとって重要な年です。この年は、「協商の年」と呼ばれます。三つの協商が立て続けに結ばれたからでした。一九〇四年から翌年の日露戦争は、日英同盟と露仏同盟の対立構造でした。英仏ともに日露の戦争に巻き込まれるのはイヤですから、英仏協商を結びます。最初、英仏協商は日露戦争に巻き込まれないためだけの協定という意味が強かったのですが、徐々に実体化していきます。英仏両国にとって、ドイツが共通の敵と化してきたからです。そして一九〇七年、日仏・日露・英露の三つの協商が結ばれたのです。ロシアも英仏と組み、ドイツと角逐するようになります。

日本はポーツマス条約の時点で、勝ったとはいえロシアの復讐を恐れなければならない立場でした。戦後も、ロシアへの警戒を怠りませんでした。ところが、ロシアの目が東のアジアではなく、西のヨーロッパに向くとなれば安心です。名実ともに、日本は東アジアで最強の国となりました。

その瞬間に何が起きたか。主要国が、日本に大使館を置きました。当時は、特命全権大使をよほどの重要国にしか置きません。なぜなら、国家元首に代わり宣戦布告できる権限を有しているからです。そうした存在ですから、大使を交換するというのは大国として認め合ったということなのです。一九〇七年から、大英帝国以下列国が日本と大使を交換していきます。日本が名実ともに大国となった年なのです。

幕末以来、日本は列強の植民地にされまいと「半文明国」の立場を受け入れて時間を稼ぎ、あらゆる努力で「文明国」として認めさせました。世界第二位の大国でありロシアを倒したのですから、世界のどこからも文句は出てきません。もはや、「キリスト教国以外は文明国ではない」とは、誰も言えません。それどころか、ヨーロッパ人が作った国際法を、ヨーロッパ人以上に守り、使いこなしました。帝国憲法制定など諸制度の整備、日清戦争北清事変日露戦争での日本の振る舞い、世界で最も国際法（International Law）の模範生は日本であると、誰もが認めざるをえません。それまで欧州公法にすぎなかったInternational Lawは、ここに真の意味での国際法となったのです。

一六四八年の段階で「ウェストファリア体制」など誰も知らない。当たり前です。それどころか、「三十年戦争」という言葉すら知りません。その時点で言葉が存在したか、あるいは実態があったかなどと言い出したら、グロティウスにも、リシュリューにも、ヴァレンシュタインにも、グスタフ・アドルフにも、「ウェストファリア体制」どころか「三十年戦争」は無縁です。しかし、彼らを三十年戦争の人物として描くのは、歴史学の常識です。

では、「ウェストファリア体制」を取り上げる意味は何でしょうか。「戦争」すら存在しない殺し合いが日常の時代に、グロティウスが願ったのは平和です。「戦争の法」を説くことで、少しでも悲惨な日常を和らげたいと考えました。人を人と思わず殺し合いを続ける血に飢えたライオンのような人々に「戦争の法」を説き、主権を持つ王に「戦争」をする資格を限定することで、キリスト教徒は文明に近づけるのだと主張しました。そうしたグロティウスの主張は一六四八年以後に徐々に慣習として定着し、その後は二度と宗教戦争の時代に逆戻りすることはありませんでした。そして、現在の我々が考える主権国家や国際社会が形成されました。

ただし、主権国家の並立体制としての「ウェストファリア体制」は二重基準でした。主権国家たるヨーロッパの国には文明の法が守られるけれども、自力救済の資格がない有色人種は植民地とされるだけでした。良くて、半文明国です。

こうした体制を大日本帝国が、真に国際法としたのです。主権国家の成立、主権国家が対等に存在する国際社会、そして文明の法としての国際法を「ウェストファリア体制」と呼ぶなら、それは一九〇七年に日本が打ち立てたと言っても構わないでしょう。

歴史の細部の事実にこだわって、一六四八年がヴェストファーレン体制の成立ではないと言うのは勝手です。それに何の意味があるかは知りませんが。

いずれにせよ、一六四八年に生まれたキリスト教国間の法が、異教徒である日本がその重要な主体となることで大きな意義を持つ点は、誰も否定できないでしょう。

意外と知られていない第一次大戦の重要性

国際法はヨーロッパ人から押しつけられたものではなく、ヨーロッパ人が言い出した欧州公法を日本人が「国際法」にしてあげたのです。日本人の全人類に対する貢献であり、日露戦争の意義です。なぜ、これを言う日本人が少ないのか。日露戦争を語るとき、有色人種が白人に勝ったのを賞賛する声は多くても、国際法の点から日本人の功績を讃えるのはなぜか言いません。

「ウェストファリア体制は日本語だ」という意味が、ご理解いただけたでしょうか。ということで前節では、アンチテーゼとして「ウェストファリア体制」の成立は一九〇七年だと述べました。ただし、その説を採ると、ウェストファリア体制は最短で七年しか続かなかったことになります。どんなに長くても、三十八年です。そんな数字はどうでもいいですが、この間に起きた歴史は大事です。言うまでもなく、二つの世界大戦です。

一九〇七年の「協商の年」以降、日本は平和を謳歌しますが、欧州には緊張が走ります。覇権を狙うドイツがオーストリアを従え、英仏露の三国協商と睨み合っているのです。一九一一年伊土戦争、一二～一三年のバルカン戦争と、小規模紛争が続きます。

こうした戦争で特徴的だったのは、兵器の発達です。まず、大砲の射程距離が伸びました。それまでのような原っぱでやる決闘のような戦闘と違い、軍隊が国境線まで来れば敵国の首都まで攻撃できるという事態が出現します。つまり、国境付近に接近したり、国境線を突破したりした瞬間に、物理的に相手の首都を攻撃できるのが前提になり、相手国の総力を破壊できるかもしれないとなったわけです。しかも、飛行機などという兵器が発明されてしまい、空爆という戦闘法も登場しました。この二つは代表例ですが、他にも機関銃の発明など、当時の基準での大量破壊兵器が登場します。前線と銃後の区別が、つけにくくなりました。

　ということは、戦闘員と非戦闘員の区別が困難になります。グロティウス以来、国際法は軍事合理性と不離一体であり、国際法は軍事不合理を要求しないのです。大戦前から既に、国際法において最も重要な、「戦闘員と非戦闘員の区別」がつけづらくなっていたのです。

　一九一四年、第一次世界大戦が勃発します。英仏露と独墺の五大国が総力を出してぶつかり合います。悪いことに、両陣営ともに戦争は簡単に終わると舐めてかかっていました。八月初頭に戦い始めて、クリスマスには決着がつき、自国に帰れると踏んでいました。そういう油断が、何より危険なのです。

　案の定、膠着《こうちゃく》します。蓋を開けてみれば、意外とドイツが強かったのです。その結果どうなったかというと、戦闘では決着がつきません。そこで、大規模な大衆の総動員が始まり、さらに戦争が長期化してしまいました。

　軍事力で決着がつかないとなると、生産力の戦いになります。ところが、その生産力は大砲や飛行機で、攻撃できてしまいます。そうはさせまいとして力が拮抗しているかぎりは大丈夫なのですが、少しでも油断をすれば空爆されてしまいます（後の第二次世界大戦が、まさにそういった様相になりました）。

なお、「大規模な大衆の総動員」というのは女性の社会進出でした。女性の社会進出という変化が、服装にも現れました。女性用スーツの誕生です。それまでは紳士服であったスーツをヒントにジャケットにスカートを組み合わせ、活動的な服として婦人用スーツが生まれ、流行するのがこの時です（小川龍夫『ファッション／アパレル辞典』繊研新聞社、二〇〇四年）。婦人用スーツは軍国主義の象徴です。軍服以上に軍国主義の象徴なのです。

物質力の破壊だけでは「総力の破壊」にならない

大戦は、あらゆる領域に及びます。物質力だけではありません。大戦の最終局面では近代プロパガンダが登場しました。ドイツは最後には、革命によって自滅します。

第一次大戦では、英仏露の連合軍に合計二十七カ国が加わりました。敗れた同盟軍は四カ国。ドイツ、オーストリア、トルコ、ブルガリアです。悲惨なのは、ドイツ・オーストリア・トルコの三カ国で、すべて滅んでしまいました。

オスマン・トルコ帝国はとっくに「ヨーロッパの病人」と呼ばれて小国に転落していましたが、かつては大帝国です。領土だけなら、ヨーロッパ・アジア・アフリカにまたがる大帝国です。それが、アナトリア半島だけに押し込められました。

ハプスブルク帝国も八つ裂きのように解体されました。オーストリアが大国に戻る日は、二度とありませんでした。

ドイツ帝国には、一つの帝冠と二十五個の王冠がありましたが、大戦によりすべて消滅しました。

大国どうしが戦ったからといって、必ず総力戦になるとは限りません。近過去では、普仏戦争ではパリが占領されたあげくにナポレオン帝政は崩壊しましたが、フランスは大国として復活しています。ビスマルクもフランスが立ち直れないような賠償金を押し付けたのですが、すぐに返されました。軍事力や経済力のような物質力の破壊だけでは、相手の総力を破壊することにはならないのです。

普仏戦争のフランスは自らの意思で共和政を選び、結果的に立ち直りました。プロイセンが押し付けたわけではありません。

一方、第一次大戦末期に、連合国主力となっていたアメリカのウッドロー・ウィルソン大統領は、帝政の廃止を要求しています。結果、大混乱の中でドイツは共和制に移行し、ワイマール憲法が制定されます。ドイツは戦勝国に国家体制を変革させられたのです。

講和会議であるヴェルサイユ会議にドイツが呼ばれたのは、連合国がまとめた降伏条件を押し付けられた時です。

この会議では、戦犯裁判を行おうとする意見があがっていました。よせばいいのに、日本も賛成しています。結局、当時のドイツ皇帝のウィルヘルム二世がオランダに亡命して匿われたので、戦犯裁判は行われませんでした。しかし、この時にニュルンベルク裁判と同じことが行われていた可能性はあったのです。

アメリカ南北戦争で北部が南部にやったことが、ヨーロッパで再現されました。人類が数百年かけて築き上げてきた「ウェストファリア体制」が、大きく傷つけられました。「ウェストファリア体制」では、征服され総力を破壊されてしまうような国は、主権国家ではありません。自力救済ができない国は、国としての資格がないのです。ところが、第一次大戦では掛け値なしの大国が二つも破壊されてしまいました。

ヴェルサイユ会議は、敗戦国抹殺の処刑場と化します。第一次世界大戦は宗教の名によって行われた戦争ではありませんが、事実上の宗教戦争でした。

思い出してください。最も危険な宗教とは、どんな宗教かを。自分の考えを宗教だと思わない、「正しい教え」だと信じて疑わない宗教です。

二十世紀初頭、人類史上最も危険な宗教が登場しました。ウィルソニズムです。共産主義など、ウィルソニズムの尻尾です。

ウッドロー・ウィルソンが人類を不幸にした

フーゴー・グロティウスは、「さあ、これから理想の国家、国際社会、国際法を作りましょう」などと、一度も口にしていません。丁寧に、慎重に、言葉を選び、血に飢えたライオンを諭すように、少しずつ殺し合いの悲惨さを軽減しようとしました。人類はゆっくりと、数百年かけて、「文明」の実を上げていきました。

ヨーロッパ人が発明した文明の謂《い》いである国際法を真に文明国間の法とするのに、日本は多大な貢献をしました。欧州公法は、日本人の手によって国際法となったのです。

それを、一人の狂人がぶち壊しました。その狂人とは、ウッドロー・ウィルソン。世界の誰にとっても不幸な、第一次世界大戦の時のアメリカ大統領です。

この「狂人」という表現は、比喩ではありません。ウィルソンは、医学的意味で狂人です。ちなみに、私が勝手に狂人呼ばわりしているのではなく、あの心理学者ジークムント・フロイトが『ウッドロー・ウィルソン 心理学的研究』（W・C・ブリット共著、岸田秀訳、紀伊國屋書店、一九六九年）で繰り返し指摘している事実です。

ロシア革命はフランス革命の焼き直し

ウッドロー・ウィルソンは民主党から出た、第二八代アメリカ大統領（在職一九一三～二一年）です。

一九一七年、アメリカは第一次大戦の途中から連合国側で参戦します。

一九一八年一月、ウィルソンが議会において十四カ条宣言を行います。ウィルソンの十四カ条宣言は、パリ講和会議でも講和の原則となりました。この十四カ条宣言こそ、人類の災厄の根源です。現在でも、これをありがたがる変質者が後を絶たないのは、ウィルソニズムという麻薬のせいでしょう。

ウッドロー・ウィルソン

その中身を確認しましょう。

第一条、秘密外交の廃止。これは、「第一次世界大戦中、俺がいないときに話し合われた事項は全部否定する」との意味です。

英仏露の三国がドイツ、オーストリアに対して不単独不講和を結んでいたところ、ロシアが離脱します。そこへ、イタリアが入ります。日本は入らなくてもいいのに、政府内で石井菊次郎が強硬に主張して入りました。一次大戦後の戦後秩序を見据えてとった行動です。実際、最後まで一緒に戦ったので、ヴェルサイユ会議で大国として遇されました。当然、いろいろと密約もしています。

しかし、ウィルソンは「俺は聞いていない」と無効を宣言します。いきなり英仏日伊の、ヴェルサイユ会議で大国とされた他のすべての国に喧嘩を売っています。

第二条、公海の自由。これだけをいえば、海の国際法を整備しようと呼びかけているように聞こえますが、まったく違います。

翻訳すると「大英帝国、退《ど》け」と、大英帝国に喧嘩を売っているのです。

大英帝国は通商破壊で海の帝国になりました。通商破壊とは、すなわち海賊行為です。大英帝国は、挑んできたドイツが第一次大戦で通商破壊をやりまくったのを返り討ちにして、世界の覇権を維持してきたわけです。それをアメリカが「退《ど》け」と言っているのです。

第三条、平等な通商関係の樹立。これもここだけ聞けば、まともな提案のように聞こえますが、違います。主な標的は日本で、チャイナ市場から閉め出そうという意図です。一方で、中南米に他の国を入れる気はありません。

第四条、軍備の縮小。レーニンをいじめるな、という意味です。大戦中、ロシアでは革命が起きていました。政変が続く動乱の中で、共産主義を掲げるウラジーミル・レーニンがロシア革命を起こしました。そして皇帝一家を馬まで殺したのを手始めに、人民の虐殺を始めます。まるでフランス革命の再現です。列強は干渉戦争を始めます。日本も参加していま す。シベリア出兵とは、ロシア革命干渉戦争の極東戦線なのです。そんな時期に軍備の縮小など、レーニンへの援助です。

第五条、植民地問題の公正な措置。いわゆる「民族自決」を意味します。つまりは、イギリス、フランス、日本の帝国主義を全否定しているのです。一方で、中南米は「アメリカの庭」扱いです。「自分はいいが、お前たちが植民地を持つのは許さん」ということです。

第六条、ロシアからの撤兵とロシアの自由。やっぱり、「レーニンをいじめるな」です。この時のレーニンは国際共産主義を唱えています。共産主義とは、「全世界の政府を暴力革命で転覆して、世界中の金持ちを皆殺しにすれば、全人類は幸せになれる」という思想です。それを世界中でやろうとするのが国際共産主義です。「世界同時革命」とも言っていました。

フランス革命の共和派の焼き直しです。

そうした連中を野放しにせよというのが、ウィルソンです。

なお、アメリカがロシア革命干渉戦争において、まったくの役立たずなので、英仏は戦争目的を切り替えます。北はフィンランドから、バルト三国のエストニア、ラトビア、リトアニア、そして南はポーランドまでの計五カ国をソ連から切り離して独立を認めさせ、レーニンと和睦し引き揚げました。最初からやる気がないアメリカも引き揚げ、戦争目的がわかっていない日本だけがひたすらシベリア出兵と称する「鬼ごっこ」に明け暮れる羽目になりました。

第七条、ベルギーの主権回復。これは一見、平穏です。ベルギーという国は、イギリスにとってのいわば〝任那日本府〟。朝鮮半島の任那が日本の領土であったように、ベルギーはイギリスのヨーロッパ大陸における領土同然でした。イギリスとベルギーは、対馬と朝鮮よりも近い距離です。

ドイツが中立を破ってそんなベルギーに攻め込んだので、イギリスは参戦したわけです。ヨーロッパにおける覇権国家の地位を維持するためでした。

それを、ウィルソンが「それは俺がやる」と言っているのが第七条ですから、「ベルギーは俺の舎弟」という態度です。

第八条、フランス領の回復。アルザス、ロレーヌのフランスへの返還を、俺が認めてやる。フランスも「俺の舎弟」扱いです。

第九条、イタリアの国境調整。イタリアは、大国になりたいのであれば、「俺の舎弟になれ」です。

第十条、オーストリア、ハンガリー統治下の二重帝国の諸民族の自治。オーストリア＝ハンガリー二重帝国に民族自決をけしかけ、ハプスブルク帝国を八つ裂きにしようとします。正確には〝四つ裂き〟です。オーストリア＝ハンガリー二重帝国から、ハンガリー、チェコスロバキア、ポーランドなどが独立していき、領土が戦前の四分の一になりました。

第十一条、バルカン諸国の独立保障。その後のバルカン紛争地獄絵図の原点がここです。二〇〇〇年まで続く、殺し合いの原点です。

第十二条、オスマン帝国支配下の民族の保障。オスマン・トルコ帝国は抹殺という意味です。「抹殺」というのはトルコ人の歴史認識です。

現在のトルコ共和国で国父とされるケマル・パシャは「セーブルは死！　ローザンヌは生！」とトルコ人たちを奮い立たせました。セーブルとは、連合国とオスマン・トルコ帝国の間で、一九二〇年に締結された講和条約セーブル条約を指します。セーブル条約はオスマン・トルコを切り刻んで抹殺してしまいそうな過酷な条件でした。

第一次大戦停戦から約半年後の一九一九年五月、ギリシャが仕掛けてきた希土《きと》戦争で、ケマル・パシャ率いるトルコが勝ちます。ケマル・パシャは一九二〇年に第一回トルコ大国民議会を招集し、一九二二年にはスルタン制をひっくり返し、連合国がスルタンと結んだセーブル条約を破棄させ、一九二三年に新たにローザンヌ条約を締結しました。トルコは主権国家に返り咲き、ローザンヌ条約でまさに生き返ったのです。トルコ共和国の成立を宣言します。第十二条は、セーブル条約の先駆けの意味を持ちます。

なお、第十条、第十一条、第十二条が、バルカン紛争、中東紛争、そしてコーカサスあたりの紛争を全部起こしています。ウィルソンが人類の災厄のタネを撒いたというのはこうした事実を指します。

第十三条、ポーランドの独立。ポーランドは日本の友好国なので、心情としてはあまり言いたくないのですが、第一次大戦が終わって第二次大戦が勃発するまでの戦間期、ポーランドは国際連盟の大問題児でした。

ポーランドは分割されてから百二十三年間、頑張って独立回復した途端、そこで緊張の糸がプチーンと切れてしまい、「俺を国際連盟の常任理事国にしろ」などと言い出し、周辺すべての国と紛争を起こします。

ポーランドだけでなく、他の東欧北部の国もバルカン（東欧南部）のように、身の程知らずの要求を掲げるようになっていきます。これが第二次大戦の原因となります。東欧諸国はヒトラーに侵略されているにもかかわらず、ナチスドイツの尻馬に乗って国境の領土を掠《かす》め取ろうとする有様です。

第十四条、国際連盟設立。国際連盟は「仮面をつけた大国主義」と言われます。以上すべて、それまでの国際秩序を全否定し、世界をウィルソンの思うように作り変えようとしたのです。

ウッドロー・ウィルソンの十四カ条宣言で、「ウェストファリア体制」は風前の灯火になってしまいました。

第一次大戦参戦も国際連盟もウィルソンの妄想

ウィルソンが提唱した国際連盟は一九二〇年に発足するものの、言い出しっぺのアメリカは議会に加盟を否決され、加盟できませんでした。アメリカ人も、ウィルソンの暴走にはついていけないのです。そもそも、嫌がるアメリカ世論を大戦参加に持って行ったのはウィルソンの暴走です。

その動機は何か。前掲『ウッドロー・ウィルソン 心理学的研究』によれば、「自分がキリストになりたい」だったそうです。大迷惑です。

同著でフロイトは、ウィルソンが「ついに晩年には、自分を神の子キリストと同一視することが絶対必要となった」「ウィルソンは、父を神と、自分を神の子キリストと同一視していた」と指摘し（八八頁）、そして「パリの講和会議で、彼は、戦えば生ずるさまざまな結果をこわがって交渉相手に服従してから、ヴェルサイユ条約ははじめから企図していた通りの「絶対的正義」の講和であると宣言した。彼がこのようないささか気違いじみた結論に達することができたのは、キリストとの同一視という心的機制のおかげだった」としています（八九〜九〇頁）。

フロイトの『ウッドロー・ウィルソン 心理学的研究』は、ウィルソンをアメリカ史上どころか、人類史上最大の医学的狂人と認定している書です。まさに〝蛇の道は蛇〟。ちなみに、ウィルソンの二度目の夫人が生きているあいだは、あまりにも可哀想なので出版できなかったと、共著者のウィリアム・C・ブリットが「まえがき」に書いているぐらいです。

はっきり言って、第一次大戦参戦も国際連盟も大半のアメリカ人からしたら、ウィルソンの妄想なのです。アメリカ人も「我々はジョージ・ワシントンの建国以来ヨーロッパの問題には関わってこなかったのに、なぜウィルソンに振り回されなければならないのか」という、至極真っ当な主張で国際連盟加入を拒否したのです。

しかし、日本人は生真面目です。「国際連盟は、大戦によって疲弊した世界を救済する、普遍的国際機関だ。そのような立派な組織はちゃんと運営しなければならない」と思い込みます。常任理事国として大国扱いされて舞い上がってしまいます。

実際、日本はヨーロッパの揉め事を次から次へと解決していきます。一九二〇年から二六年までスイスのジュネーブで国際連盟事務局次長を務めた新渡戸稲造や、外務大臣の椅子を蹴って駐仏大使を務め、国連大使を兼ねた石井菊次郎らの活躍で、平和が保たれたようなものです。ちなみに、当時は国連大使という職はなく、駐仏大使が自動的に国連大使を兼ねました。

瀕死の「ウェストファリア体制」を、大日本帝国の良心と呼ぶべき人たちが支えていたのです。

条約は主権国家だけが結べるものなのに……

ウィルソンは規格外の狂人でした。しかし、後任者も災厄でした。第二九代大統領ハーディングも、ワシントン会議でやってくれました。

第一次大戦後、ハーディングが提唱し、一九二一年から二二年にかけてワシントン会議が開かれ、三つの条約が結ばれています。

まず結ばれたのが、四カ国条約です。「日米英仏の四カ国が、太平洋の秩序に責任を持ちましょう」という、まったく中身がない条約です。では、いったい何のための条約かといえば、日英同盟の廃止だけが目的の条約でした。「日英に挟み撃ちされている」という妄想にかられたハーディングが、第一次大戦の借金の支払いを猶予する代わりに、イギリスに日本との同盟を切らせたのです。日英とアメリカは友好国のはずですが、二百パーセント喧嘩腰です。

そして、九カ国条約と称する、名称からして間違っている条約が結ばれます。日英米仏伊蘭白葡の八カ国が、中華民国に主権国家になる機会を与えるという条約です。当時、清朝は転覆し、中華民国と名前を変えていましたが、国としての実体はなく動乱状態です。条約順守能力どころか、意志もありません。

順序がまったく逆です。条約とは、主権国家だけが結べるものです。それを主権国家にほど遠い中華民国と結ぶなど、何を考えているのだという条約です。

アメリカは世界のトラブルメーカー

残り一つは、海軍軍縮五カ国条約です。英米日仏伊の五カ国のあいだで結ばれた海軍軍備制限に関する条約です。

日本は英米に主力艦を対米六割に押さえつけられたと怒ります。アメリカは日本に対して「日本はウチの六割の海軍でなければ対等ではないのだ」と要求し、日本は「せめて、おたくの七割を寄越せ」と反論し、アメリカの主張が通りました。

アメリカは自分が滅ぼされる唯一の条件として、日英同盟の挟み撃ちに遭うのを恐れていました。そこで、なんとしてでも日英同盟を取っ払わなければならないと考えます。さらに海軍力を抑え、ハーディングは「五分の演説で日英の大艦隊を崩壊させた」と大はしゃぎします。アメリカは、イギリスの覇権に取って代わろうとしていました。ウィルソンほど狂った喧嘩の売り方はしませんが、喧嘩を売っているには違いありません。ところが、日本は「英米一体論だ」と決めつけ、あげくは「アングロサクソンの世界支配」などと妄想にかられます。

そこに輪をかけて、日本のバカ右翼が「植民地支配の悪行」などと煽ります。確かに、イギリス人がインドにやったこと、アメリカ人がインディアンと呼ばれていたネイティブ・アメリカンにやったことは全部が非人道的で、否定しようのない事実です。では「目の前のソ連は?」と聞くと、そうした現実には言及しません。

実際に会議におけるアメリカのやり方があまりにもひどいので、日本人は勝手に被害者意識を持ってしまいます。そして、「イギリスとは、武士道と騎士道で一緒にやってきたのに」というようなキレ方をして、恨みがイギリスに向かってしまいました。

ウィルソンがハーディングに代わっても、相変わらずアメリカは世界のトラブルメーカーでした。それを日英同盟でもあれば抑えられたかもしれませんが、あっという間に消滅し、日本はイギリスを憎み始める始末です。

一九一四年に始まる第一次大戦と一九四五年に終わる第二次大戦を合わせて「二十世紀の三十年戦争」と呼ぶ人がいます。その見方によれば、一九一九年から三九年の戦間期は「二十年の休戦期間」です。

戦間期は端《はな》っから、人類が不幸になっていく助走をつけ始めていました。

戦争より悲惨なことは世の中にいくらでもある

第一次大戦は、ヨーロッパの没落を決定づけました。負けたドイツはもちろん、勝った英仏も疲弊しきりました。ヨーロッパの人たちにとって第一次世界大戦は、「家族の誰かが死んだ戦争」です。日本人にとっての第二次世界大戦のようなものです。

だから、「この世で最も悲惨な出来事は戦争」という価値観が広がりました。だから、「戦争より悲惨なことは世の中にいくらでもある」「むしろ戦争は文明的な行為なのだ」と言っても、誰も聞く耳を持たなくなります。

そうした風潮ですので、ウィルソンが言い出してアメリカが放り出した、国際連盟は一定の意味を持つようになるのです。常任理事国は英仏伊日に、後からドイツが入りました。

国際連盟の本質は、「常設ウィーン会議」です。ウィーン会議にしても、ウェストファリア会議にしても、どこの場所で会議を開くか自体が、外交交渉の重要な争点でした。紛争関係国が一堂に会せる場所を常設化しておくこと自体が、一つの進歩なのです。

それは良いとして、連盟の実態はヨーロッパの揉め事を解決する倶楽部です。英仏は誰かの恨みを買っている。独伊に至っては、自分が紛争当事国です。ヨーロッパの誰からも恨みを買っていない、日本が仲裁役となるのは自然な流れでした。ヴェルサイユ会議で全権代表だった西園寺公望《さいおんじきんもち》と牧野伸顕《まきののぶあき》は無能の限りを尽くし「サイレントパートナー」と呆れられました。本国からの訓令が「日本に利害関係のない問題では発言するな」だったので従わざるをえなかったのですが、それにしても国を発つ前のすり合わせで発言権はあったのですから、西園寺や牧野を免罪することはできません。彼らの大失態を取り返す勢いで、国際連盟在任の外交官たちは奮闘したのでした。

お人よしの日本人は、本気で国際連盟を「普遍的な国際機関」だと信じていました。そして、あらゆる揉め事を、よりによって日本の最も優秀な外交官が捌いていきます。おかげで戦間期の最初の十年は、紛議だらけなのですが大きな紛争もなく世界は過ごせました。

世界で最も忠実な「ウェストファリア体制」の実践者

それにしても、数百年にわたり続いてきた「ヨーロッパの大国が世界の大国」という秩序は大きく変容します。非ヨーロッパ的な価値観が世界の中で発言権を得ました。

一つはアメリカです。ウッドロー・ウィルソンはアメリカ人でもマトモな人ならついていけない狂人ですが、そういう狂人が大統領になれてしまうのも、アメリカの怖いところです。

後任のハーディングも、国際社会の中では異端児です。ちなみにハーディングが在任中に急死したので、クーリッジが継ぎました。この人は立派な大統領でした。なぜなら、熱中した唯一の仕事が汚職。おかげで政府が民間の邪魔をしないので、経済は絶好調だったからです。

二つは、日本。唯一の有色人種の大国です。白人からしたら、付き合いやすいけれども、存在そのものがイヤな奴です。連盟で揉め事を捌いても、あまり評価されていませんでした。

三つは、ソ連。共産主義を掲げる国で、建国者のレーニンに輪をかけて凶暴で狡猾な、ヨシフ・スターリンが後継の独裁者となりました。ただし、この時は干渉戦争の傷が癒えず、引きこもっています。ソ連と言えば、コミンテルンが有名です。世界中の政府を攪乱し、工作したスパイ機関です。しかし第一次大戦が終わって十年くらいは、まだまだコミンテルンに力はありません。

戦間期前半、アメリカもソ連も引きこもり、国際秩序に口を出しません。ヨーロッパの揉め事は、公正な仲介者にして、「ウェストファリア体制」の世界で最も忠実な実践者である日本が引き受けています。問題があるにせよ、この秩序を維持していれば、第二次大戦は間違いなく起きなかったでしょう。問題とは、ドイツの復活とソ連の脅威です。両者に挟まれた東欧諸国は、神経質になっていました。しかし、この現状維持を続けている限り、破滅はなかったのです。

なぜ日本は地球の平和に責任を持たないのか?

鍵となる日本は、何を考えていたのでしょうか。一九二四年から三二年にかけて、「憲政の常道」と言われる二大政党政治を実現していました。要するに、「イギリスのような国」になっていました。イギリスは内政で党派の争いがあっても、対外政策では国是が安定しています。我が国も、イギリスを模範としました。

当時の日本の二大政党は、立憲民政党（前身は憲政会）と立憲政友会です。民政党内閣のすべてで外務大臣を務めたのが、幣原喜重郎です。幣原は協調外交を旨とし、米英との協調を軸とし、隣国であるソ連との摩擦も極力回避しました。つまり、対米英ソ協調外交です。周辺の三大国と紛争を起こさなければ、絶対に滅びるはずがない。概ね、間違いのない政策です。この国是は、政友会も同じでした。

民政党と政友会が激しく争ったのは、中国問題です。当時の中華民国は大動乱状態で、日本人居留民が多く住む満洲は、慢性的紛争地帯でした。対中融和の民政党と、強硬論の政友会は常に争っていました。ただし、本格的な軍事介入が行われることはありませんでした。

これを破壊したのは、一九三一年に勃発した満洲事変です。この事件の背景と展開、そして破壊的な結果は、小著『学校では教えられない歴史講義　満洲事変』（ＫＫベストセラーズ、二〇一八年）に詳述しておきました。

結論から言うと、日本政府の統制が効かない現地の軍隊が、満洲を軍事占領しました。これに対し、東欧諸国が猛烈に批判しました。彼らの理屈は、「小国の中国を大国の日本が侵略した。ここで日本の侵略を抑え込むことで、国際連盟の威信を示すのが、独ソへの抑止力になる」と考えたのです。愚かです。国際連盟は大日本帝国がいるから成り立っていると、かけらも考えなかったのです。その日本を、徹底的に非難しました。

これに日本もキレてしまいました。そして連盟を出て行ってしまいます。居座ればよかったのです。国際連盟は全会一致が原則です。つまり、すべての国に拒否権があるのです。しかも日本は連盟の常任理事国なのです。世界の秩序を支えている大国なのだとの自覚があれば、「小国の熱が冷めるまで待つ。中華民国の挑発は許しがたいので、満洲に軍隊を置かせてもらうが」という態度をとっていれば良かったのです。連盟には侵略国家と認定し除名する規約がありますが、日本は侵略国にはされていません。だったら、連盟に居ればよかったのです。

それを、「日本の訴えが受け入れられなかった～」と、自ら出て行ったのです。その後の日本と世界は不幸になったので、当時の為政者たちは我が国の国益を損ねたのみならず、全人類に対する罪を負うべきでしょう。ちなみに首相は斎藤実《さいとうまこと》、外相は内田康哉《うちだこうさい》です。さらに、こういう時に必ず悪者にされる陸軍（当時の中心は荒木貞夫《あらきさだお》と真崎甚三郎《まさきじんざぶろう》）は連盟脱退に反対です。理由は簡単で、連盟を離脱すれば米英との緊張が高まります。対ソ戦の予算が欲しいのに、対米英戦の名目で海軍に予算を持っていかれます。だから、連盟脱退には反対でしたが、外務省（というか内田）に押し切られました。

　重ね重ね情けないのは、日本人の無責任です。

　当時の大日本帝国は、あらゆる国際紛争を引き受ける力のある大国でした。日本が国際連盟にいるから、世界大戦は起きなかったと言っても過言ではないのです。ところが、その自覚はありませんでした。国際連盟のことは、東京の日本政府で主要議題になることなどなく、現場の外交官に任せきりでした。そんないい加減な態度でも対処できるだけの人材を送っていたのですが、それにしても新渡戸稲造や石井菊次郎のような当時の国際社会での有名人の功績を利用して、日本を世界の指導者たる地位に押し上げようという意思は、どこにもありませんでした。

　大国でありながら、地球の秩序に責任を持とうとしない。これが大日本帝国の全人類に対する罪です。結果、地球の平和のみならず、日本の国益をも損ねてしまいました。取り返しがつかないほどに。

日本人が悪いのは総力戦に負けたこと

人類が蓄積した「ウェストファリア体制」は二重構造でした。ヨーロッパの内においては、「戦争」は主権国家どうしの決闘です。主権国家とは自力救済ができる存在、滅ぼされないだけの力を持つ存在です。一方で、外においては、植民地争奪が行われました。キリスト教徒の白人に植民地にされた人々は、自力救済の力を持ちませんでした。だから、主権国家はキリスト教国に限定され、国際法の実態は欧州公法にすぎませんでした。

それを真の意味で「国際法」としたのは、大日本帝国です。「ウェストファリア体制」とは主権国家の並立体制であり、そこには文明国間の法が存在しています。

ところが、第一次大戦は前提を覆しました。大国でありながら滅ぼされる国が登場したのです。ドイツとオーストリアは紛れもなく大国でしたが、跡形もなく潰されてしまいました。大国どうしが相手の総力を潰すまで戦うのが、総力戦です。

日本人は、総力戦を「自らの総力を出し切る戦争」と勘違いしていますが、違います。戦前から勘違いしていましたが、第一次大戦でドイツ軍の参謀次長を務めたエーリッヒ・ルーデンドルフの『総力戦』を読んでそうなったとか。では、当のルーデンドルフは、どう書いているか。

官房戦争や制限的な政治目的をもった戦争の時代は終わった。それらは、国民の生存維持のための総力戦のように深く道徳的な正当性をもった戦いというよりも、ときに略奪行であった。ある国民もしくは種族が自らの生存のためにのみ戦わなければならず、敵がこれを容易に粉砕できる「植民地戦争」は、その国民もしくは種族にとって総力戦の性格を帯び、彼らは道徳的な理由からこの総力戦を戦う。その他の点では、これは崇高で重大な呼称である戦争という名に値しない極めて非道徳的な行為である。植民地戦争は、国民の生存維持のためではなく利益追求から生じるものである。
（エーリヒ・ルーデンドルフ、伊藤智央訳・解説『ルーデンドルフ 総力戦』原書房、二〇一五年）

「官房戦争」とは聞きなれない言葉ですが、政府が主導する戦争のことです。
大国が大国相手に植民地相手にやるようなことをやるのが、総力戦です。ルーデンドルフは、「アメリカ合衆国が世界大戦中にヨーロッパの地でドイツ国民に対して行った戦争は、彼の国にとって植民地戦争の性格を帯びていた」とまで書いています。国力を総動員することなど、現象の一部にすぎません。

軍事力のみならず、経済力も総動員して自らの総力を出す戦争などというのは、ヨーロッパではルイ十四世の時代からとっくにやっているのですから。誤読にも、ほどがあります。

第二次大戦は国際法違反のオンパレード

日本を失った国際連盟は、国際紛議に何もできません。その後に起こった、代表的な不幸な事件を並べてみましょう。

一九三三年　ドイツでアドルフ・ヒトラー、アメリカでF・ルーズベルトが政権奪取。
一九三五年　イタリア、エチオピア侵略。
一九三六年　ヒトラーのラインラント進駐。以後、軍事進駐を繰り返す。
一九三七年　支那事変、勃発。
一九三九年　独ソ両国、ポーランド分割。第二次世界大戦、開始。

以後、独ソのヨーロッパ全域への侵略が続く。

一九四一年　独ソ戦開始。日独と米英が交戦。

一九四五年　ソ連、対日参戦。日本の降伏で第二次世界大戦が終わる。

第二次大戦は、国際法違反のオンパレードでした。「文明の儀式」「決闘の法理」など、垣間見るのも不可能です。あえて言うなら、律儀に国際法を守って戦っていたのは、日本くらいです。

もちろん、一部の不届き者がいないはずがありません。しかし、驚くかもしれませんが、日本には国策として「国際法を破る」という意思がないのです。他の国が、そんなものを紙切れとも思っていない時代に。

文明の儀式に基づく「戦争」は姿を消した

意外ですが、これまで、アメリカの勝因を分析した人をあまり聞きません。「最初から物量が違ったので勝ち目がない」と具体的な分析を放棄するのが常です。軍人の回顧録などを読むと、「原爆を出されては打つ手がない」との表現にも出くわします。しかし、物量がすべてなら、後のベトナムのようにアメリカ相手に勝利した国はどうなるのでしょうか。

そもそも、物量なら、ミッドウェー作戦で日本はアメリカを圧倒していました。数の問題ではありません。

アメリカの勝因の第一は、無差別通商破壊です。アメリカ海軍は、病院船だろうが何だろうが手当たり次第に沈めていきました。戦闘員と非戦闘員の区別などはしません。

次に、サイパン攻略以降の無差別都市爆撃です。やはり、民間人を殺しまくりました。

そして、最後に非人道兵器の原爆を使用して止めを刺しました。原爆は、無差別空襲の時点で既に国際法違反で、そこに非人道兵器の使用が加わりますから、二重の国際法違反です。

つまり全部、国際法違反です。

凄まじいのは大日本帝国海軍の愚かさ加減です。「相手が国際法を破っているから、こちらも破らなければな」と海軍兵学校でいっていたのが、なんと昭和二十年だったとか。国際法学者の佐藤和男先生が「今頃、こんなことを言っていて大丈夫か」と思ったそうです。

通商破壊についても研究していませんでした。なぜか。そんなことは国際法違反だから、アメリカがやるわけがない、というのがその理由です。第一次大戦の研究をしていなかったのです。一次大戦で、劣勢のドイツ軍はUボートという潜水艦を使い、通商破壊でイギリスを苦しめました。イギリスに加勢したアメリカもやり返しています。なぜ日本だけが、やらないと信じ込めたのか。

いつの間にか日本人は、国際法を国内法のような強制法と思い込んでいたようです。明治の日本人は、「力で守らせる仁義」と正確に理解していたのですが……。日露戦後に平和ボケした後遺症が、致命的となりました。

そして、八月十五日を終戦と思い込む時点で、総力戦の何たるかをまるで分っていません。

二十世紀の総力戦とは、勝った大国が負けた大国を植民地の如く扱うこと。戦勝国が敗戦国の政治体制を好きなように作り変えること、すなわち憲法改変です。そして、戦争の指導者は犯罪者として裁かれます。敵と犯罪者の区別を付けません。総仕上げは、そうした行為を宣伝と教育によって正当化することです。

一九四五年、大日本帝国の敗北により、伝統国際法は否定されました。文明の儀式、決闘の法理に基づく「戦争」は姿を消しました。少しずつ文明を身に付けた人々がようやく多数派になったと思うのも束の間、地上は再び血に飢えたライオンが支配する世界に戻りました。

日本人は、なんと愚かなことをしてしまったのでしょう。

第五章　日本人の世界史的使命

大日本帝国の取り返しがつかない愚かさ

一九四五年は、人類が野蛮に回帰していく年です。多くの悲劇がありました。最大の悲劇は、大日本帝国が滅んだことです。

確かに、昭和初期の日本は調子に乗っていました。ソ連の片手間の中国の片手間のイギリスの片手間に、アメリカに戦争を仕掛けました。これでは、滅びるように戦ったようなものです。

最初、大日本帝国は隣国のソ連を警戒していました。共産主義という、幼稚極まりないけれども狂暴な思想を掲げる国が隣にいるのですから、警戒するのは当然です。ところが、同じく隣国の中華民国の挑発がやみません。挑発と言っても口で罵るレベルではなく、邦人に対するテロが日常的になります。そこで「対支一撃論」との、「ソ連の前に支那を叩いて、後顧の憂いをなくして置け」という、もっともらしい主張が通ります。

そうして始めたのが、一九三七年からの支那事変です。中国大陸全土で戦闘を繰り広げ、日本は片っ端から中華民国の主要都市を攻略するのですが、中国は降伏しません。その理由を、イギリス（と、ついでにアメリカ）が中国を支援するからだと考えました。

そして、日英関係がどんどん泥沼化し、ここにアメリカが乱入します。突如、「日本は中国から手を引け！　さもないと、経済制裁で絞め殺すぞ！」と脅してきました。そして、一九四一年からは、米英を相手に大戦争を始めてしまいます。なぜ何の関係もないアメリカが日本に喧嘩を売ってきたかは歴史の謎ですが、「当時の大統領のフランクリン・ルーズベルトが日本を殺したかったから」としか言いようがありません。ルーズベルトはウィルソンの再来のような人でした、と言えば前章をお読みいただいた方にはご理解いただけると思います。狂人の思考回路を分析するのは時間の無駄なので、これくらいにしておきます。

国際法をわかっていた根本博中将

こういう展開の中、日本はソ連とは中立条約を結びました。いつの間にか、ソ連以外の隣国すべてと交戦状態に突入していました。

こんな大まかな話だけでも、当時の日本人の愚かさが伝わってきます。細かい話を言い出すと何冊も本が書けてしまうのでこれくらいにしますが、本書の主題と関連したソ連との関係で日本人の愚かさを示す話を述べておきます。

一九四五年八月、敗色濃厚を通り越して、降伏直前の日本に対してソ連が攻めかかってきました。裏切りの騙し討ちです。軍人にとって最も恥は、奇襲を受けることです。そして、八月十五日に日本が降伏してからも、ソ連は戦闘をやめませんでした。

結果、阿鼻叫喚の地獄絵図となりました。女は片っ端から強姦され、後で自殺と中絶が相次ぎます。婦女子を守り、少しでも逃げる時間を稼ごうと、男たちのアンパン突撃が繰り返されました。「アンパン」とあだ名される地雷を抱いて、ソ連の戦車に体当たりするのです。しかし、蟷螂《とうろう》の斧《おの》です。武器を持った日本兵七万に対し、重武装したソ連兵百三十万。戦いになりません。次々と撃破され、生き残った人々はシベリアに拉致され、奴隷労働をさせられます。

ただ、例外はあります。駐蒙軍司令官だった、根本博《ねもとひろし》中将の場合です。

ドイツの降伏でヨーロッパ戦線が終結してからは、ソ連がこちらに攻めてくるのが濃厚です。それにもかかわらず日本陸軍の上層部は、「ソ連が攻めてくるとしても秋だろう」などと、何の根拠もない希望的観測を繰り返すだけで十分な兵力を寄越しません。兵は、たかが二五〇〇人です。根本将軍は仕方なく最低限の物資の要求だけして、対ソ戦の準備を勝手に始めていました。

案の定、ソ連の侵入が開始されました。上層部は大混乱です。それを無視して根本将軍は中国と勝手に交渉し、「我々が撤退した後、内蒙古はあなたのものです」などと秘密協定を結び、中立化させます。これで、当面の敵を一人減らしました。

急いで、司令部のある張家口《ちょうかこう》に兵力と居留民を集中させます。

根本将軍は丸一陣地という、要塞と呼ぶのもおこがましいけど、無いよりはマシという程度の砦を構築し、山地に戦車をひそませて初動で打撃を与えるという作戦を立てます。

ソ連軍は張家口を空爆してから降伏勧告のビラを撒くというなめたマネをしましたが、無視。町中に放送を流して、居留民に退避準備を命令。外交官は「素直に武器を捨てて降伏しましょう」などと言い出しましたが、無視。威力偵察に来たソ連軍には、中戦車と九〇式野砲をお見舞いして、お引取り願いました。ソ連には、こちらが手ごわいと思わせた上で、やる気のない停戦交渉で時間稼ぎをします。いよいよ脱出準備ができたところで、居留民たちに手榴弾を二発渡します。一発は敵に投げるため、もう一発は自決用です。老若男女差別なしなの

根本博中将

で、緊張感がこれでもかと走ります。

直属の上司の岡村寧次《おかむらやすじ》支那派遣軍総司令官から武装解除命令の電報（明らかに従わなくて良いとの含み）が届きますが、「無法者のソ連に降伏はしない！」と返電します。

ここまでの態度に、ソ連は「国際法違反だ！」と自分のことを思いっきり棚に上げた批判をしてきましたが、無視。根本将軍は「負けたら俺一人が死刑になってやる」と、勝つ気満々の決心を軍民日本人全員に宣言したので、軍民全員が燃えます。

八月二十日、ソ連軍が大戦車部隊で猛攻を加えてきました。これに対し、敵をできるだけ引きつけてこちらの射程から一斉射撃するという単純な罠にはめて、一網打尽。ソ連軍を、味方の死体も回収できない敗走に追い込みます。

そして、その日の夜陰にまぎれて撤収。岡村大将の下に逃げ込み、民間人は全員無事でした。岡村兵団は無傷なので、ソ連も手を出せなかったのです。

奇跡のような生還です。

国際法、三つの原則

では、なぜ根本将軍は居留民全員を助けるなどという、奇跡ができたのでしょうか。一つには、神業のような戦闘指揮です。要するに、強かったからです。もう一つは賢かったからです。特に、国際法を熟知していました。

この話に出てきた外交官は、「おとなしく武器を捨てて、ソ連に降伏しよう」と言い出していています。こういう人は各地にいたのですが、その通りにした人たちは一人残らずシベリアに送られて奴隷労働をさせられました。それに対して根本将軍は、知恵を働かし、武器を持って戦い抜きました。

ちなみに「無視」を連呼しましたが、実際に根本将軍は、国際法の原則に則っていない発言をすべて無視しているのです。

国際法には、いくつかの原則があります。一つは、軍事合理性に適わないことは要求しない。二つは、一方が破った場合、その条約は無効。もう一方は従う義務はありません。この場合、ソ連は日ソ中立条約を破り、日本が降伏しているにもかかわらず攻撃をやめません。「ポツダム宣言に従って武器を捨てよ」などと言われても、国際法違反にはなりません。従ったら、何をされるかわかりませんから。三つは、国際法は力によって守られるということ。自力救済ができるものだけが、国際法の主体なのです。

いずれも、国内法とは逆の原理です。根本将軍は、騙し、戦い、ソ連から居留民を守りました。国際法とは、使うものなのです。言わば、武器です。

しかし、根本将軍のような人は例外でした。だから、地獄に落とされました。日本人はいつの間にか、国際法がわからなくなっていたのです。

「戦争」を犯罪だと言い出した野蛮人たち

吉田茂という二流の外交官にして政治家が、「戦争に負けて外交に勝った歴史はある」「負けっぷりをよくしよう」などと、恥ずかしい発言を残しています。前者は、ウィーン会議のタレイランを気取ったのですが、状況がまるで違います。

ウィーン会議のフランスはヨーロッパ最強の陸軍を保持したまま占領軍を受け入れましたが、日本は武装解除しました。フランスは占領軍の国際法違反を許さない力を持っていましたが、日本は占領軍の不法を止める力がありませんでした。

後者は、総力戦への無理解を自白しています。総力戦では、占領されてからが本番なのです。負けた側は、総力を挙げて抵抗しなければ、何をされるかわかりません。敗戦慣れしているドイツはあらゆる悪知恵を使って必死に抵抗しましたが、日本はなされるがままでした。この対比は、小著『嘘だらけの日独近現代史』（扶桑社新書、二〇一八年）をご参照ください。

総力戦は、グロティウスの思想を全否定しています。『戦争と平和の法』は、「戦争」の正当事由を網羅的に列挙し、「戦争」はしかたがないけれども、要らない戦争はするなと説き、悪い敵から攻められた場合には自分を守るのはもちろん、獲られたものを奪いかえしたり、悪いことをやった奴に対する懲罰を科したりするのはやって良いとしています。人間社会の摂理として、当然でしょう。その上で、何が正当かどうかの判断は当事者それぞれが持っていているのだと論じます。

グロティウスの思想が実現した「ウェストファリア体制」は、主権国家の並立です。主権国家は、上位の存在に支配されない、最高の存在だから主権国家なのです。主権国家が集まった国際最社会には、国内法における裁判所のような全員が従わなければならない存在はありません。

近代になっても、これが理解できない人たちがいます。アメリカ合衆国です。

一八六一～六五年の南北戦争で、勝った北部は南部の指導者を犯罪者として裁きました。対等の敵とは認めなかったのです。

もちろん「戦争」でも、やってはいけない犯罪はあります。問答無用で許されないのが、強姦です。それを裁判で犯罪として証明するのは困難だという問題は別にして、明らかに事実だと判明した場合、これを許す法はありません。強姦は、「復仇」の適用外です。

国際法では、「復仇」の法理があります。一方が違法行為を犯した場合、もう一方は泣き寝入りしなくてよい、という法理です。占領地の住民が非戦闘員を装ってテロを繰り返した場合、見せしめに住民を処刑するのが許されないのかという問題は、常に付きまといます。もちろん、これを無制限に許せば、住民虐殺を放任しかねません。現にナチスは、「一人殺されたら、百人を殺し返す」のような真似を繰り返しました。明らかなやりすぎです。

また、ナチスのユダヤ人大量虐殺は、明らかな犯罪です。六百万人を殺したかどうか数は知りませんが、どう少なく数えても百万人を殺しています。ナチスが殺戮を繰り返した時、ジェノサイドを禁止する条約は明文化されていませんでしたが、文字で書かれていないからと、やって良い話ではありません。

ナチスドイツを裁いたニュルンベルク裁判では、こうしたナチスの犯罪が糾弾されました。当然です。弁護しようにも、「イギリスやアメリカだって、タスマニアやインディアンに同じことをしただろう」くらいしか言えません。

ここまでは、いいでしょう。

問題は、勝った連合国が「侵略戦争を共同謀議、遂行した罪」などと言い出したことです。勝った側が負けた側に対して、犯罪者扱いを始めました。侵略はAggressionの定訳で、「挑発もされないのに先制武力攻撃をした」の意味です。何が挑発かは、当事国に委ねられています。主権国家なのですから、誰かに強制される話ではありません。

もし勝った側が負けた側を犯罪者として裁けるとしたら、降伏すると何をされるかわかりません。敵は悪ではありません。立場が違うだけです。それを犯罪者呼ばわりする。中世への先祖返りです。

ニュルンベルク裁判は、「戦争」と犯罪、敵と犯罪者を、完全に混同してしまいました。

約束違反と犯罪の区別がわかっていない人々

さらに連合国が野蛮だったのは、ナチスドイツと同盟を結んでいた日本をも犯罪者扱いしたことです。東京裁判は、ニュルンベルク裁判の極東版です。突如として「南京大虐殺」なる事件を言い出し、三十万人の中国人を虐殺したなどと決めつけました。証拠は何もなかったのですが、日本側の異議はすべて却下です。中世の魔女裁判と同じです。

こうした法のＡＢＣを無視した東京裁判をまともな裁判だと誤解すると、大日本帝国が犯罪国家になってしまいます。「東京裁判史観」という歴史観があって、東京裁判の判決を事実だと認識して歴史を見る視点のことです。つまり、日本は九カ国条約その他の国際法を破って、中華民国に対して侵略を行ったとの結論になります。

九カ国条約は中華民国が主権国家になる努力をするのを見守ることを約束した条約ですが、当の中華民国が約束を果たしません。国内は軍閥と称するギャングが跳梁跋扈して、治安維持もおぼつかない。すなわち条約順守能力が欠如したままです。数々の挑発に激怒した日本が満洲事変を起こし、言い出したらキリがない多くの経緯があって支那事変で戦いました。ここでは事実関係を無視して、東京裁判の結論が正しいと仮定します。仮に東京裁判の判決が正しいとして、日本は中華民国を侵略したとしましょう。

では、その侵略は犯罪なのでしょうか？

これまた法のイロハですが、違います。

日本が中華民国を満洲事変で侵略したというのは、せいぜい不法です。九カ国条約違反だといわれましたが、それは約束違反にすぎません。しかも、先に約束を破ったのは中華民国なので、むしろ正当防衛みたいなものです。

一方、中華民国は一九三七年の通州事件で約二百五十人の日本人を虐殺しました。女性の両手両足を切った上で強姦し最後は殺す、という猟奇的な殺し方を繰り広げています。一〇〇パーセント犯罪です。

そんな中華民国の犯罪を見逃して、日本の約束違反の違法性なしの部分ばかりを悪だと糾弾する人は、たとえ七回生まれ変わってこようとも、グロティウスは理解できないでしょう。

民法と刑法の区別、要は違法と犯罪の区別がわかっていなければ、グロティウスが何を言っているのかが理解できません。そもそも、法律の基本がわかっていません。国内法で、例えます。

犯罪とは刑法的概念であり、違法とは民法的概念を含めて幅広いものです。犯罪は完全に違法です。それに対して、犯罪ではないのだけど、法を守っていない事態を不法といいます。

たとえば、一方的な婚約解消は悪い行為ではあるものの、犯罪ではありません。法を守ってはいないけど犯罪ではありません。ところが、結婚しようと言ってお金をもらいながら約束を破れば、犯罪です。ただし、いつまでたっても結婚しないだけの場合は、犯罪ではありません。タダのだらしがない人間であって、犯罪の意思がないので。

犯罪と違法、不法の違い

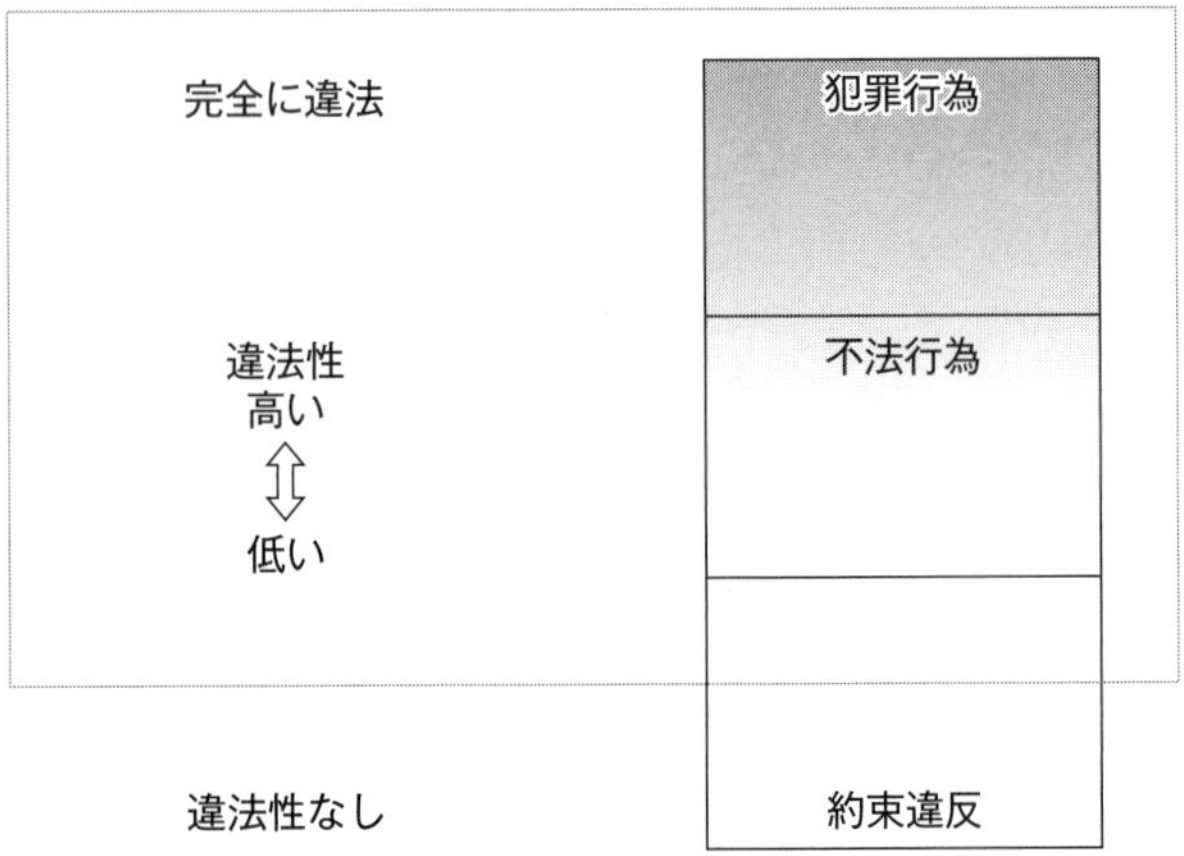

ちなみに、東京裁判でも、日本のやったことを侵略戦争だと決めつけましたが、それを犯罪だとは言っていません。違法行為です。せいぜい、不法です。

一九四五年に「戦争」は根絶された

日本人の多くは「この世で最も悲惨な出来事は戦争だ」と信じています。そういう人に「戦争」は既に根絶されていますと教えてあげても意味が通じないでしょう。それもそのはず。日本人の多くが思い浮かべる戦争とは「大規模な殺し合い」のことで、根絶された「戦争」とは文明の儀式です。同じ言葉でも意味が違います。

実際、一六四八年ウェストファリア会議以

降に慣習が積み重ねられた「戦争」は、禁止されてしまいました。

最初に言い出したのは、ウッドロー・ウィルソンです。第一次大戦の最中から中立国として綺麗事を乱発し、一九一八年には偽善を並べ立てた十四カ条宣言を発し、一九一九年のヴェルサイユ会議でも「人類の理想である戦争のない世界を実現するために国際連盟を作ろう！」と絶叫します。この狂人の言うことを子細に分析しても仕方がないので要点を再掲しますと、「俺は救世主《キリスト》だ」です。

日英仏といった大国、それにアメリカ本国の人たちすら、ウィルソンにはついていけなかったのですが、カルトな思想は影響力を持つものです。戦争を違法化しようという運動を世界的に展開する人たちがいました。

その運動が実を結んでしまい、一九二八年に不戦条約と呼ばれる「戦争放棄に関する条約」が提唱され、最初に英米仏日など一五カ国が調印し、のちに六三カ国が参加しました。もっとも、「自衛戦争はＯＫ」「何が自衛かは自分で決めていい」という抜け穴がありましたから、単なる空文です。自分がやっていることを自衛だと言い訳しなかったのは、一九三九年以降のヒトラーくらいです。

一九四五年、第二次大戦が連合国の勝利で終わることが誰の目にも明らかになった段階で、フランクリン・ルーズベルトが国際連合を作ろうと提唱します。より正確に言えば、開店休業の国際連盟に代わり、連合国（United Nations）を普遍的国際機関に移行しよう、と言い出したのです。国連憲章では、宣戦布告の規定を消滅させ、「戦争」を違法化します。

国連憲章は一九四五年六月のサンフランシスコ会議で採択され、同年十月に発効しました。ただし国連憲章では、第七章「平和に対する脅威、平和の破壊及び侵略行為に関する行動」として、第四十二条で「軍事的措置」、第四十三、四十四、四十六条で「兵力使用」、そして第五十二条で「地域的取極と地方的紛争の解決」、第五十三条で「域内における強制行動」について述べられているだけです。その意図は、宣戦布告をした国は侵略国認定なのですから、誰もしないだろうと考えたのです。

グロティウス、全否定！

ここにウェストファリア体制の中核、殺し合いの悲惨さを少しでも軽減するために考え出された文明の儀式としての「戦争」が消滅しました。

国連が「戦争」を根絶した

現在の国際法においては、国連憲章は中核です。国連は世界のほとんどの国が加盟してい

	宣戦布告あり	宣戦布告なし
交戦あり	1　戦争	2　事変（紛争）
交戦なし	3　戦争	4　平和

るのですから、その憲章は外交上の有力な武器になります。現実の国際政治において、無視できません。

そして、戦争をどう捉えるかが、混乱しています。

戦争をどう捉えるかには、二つの説があります。法的状態説と実態説です。

法的状態説とは、戦争の条件を「宣戦布告の有無」とします。一方の実態説の戦争の条件は「実際の交戦の有無」、つまり、ドンパチの有無が条件になります。

表をご覧ください。

法的状態説と実態説の両方が一致するところは、1と4の領域です。

1は宣戦布告をしていて、実際に交戦している場合で、これは戦争です。グロティウスが提唱した「戦争」です。

4は宣戦布告もしていなければ、実際に交戦もしていない場合です。これを平和と呼ぶのを否定する人はいません。

問題は、宣戦布告なしで交戦している場合をどう呼ぶかです。2の部分です。事変と呼ぶのか、戦争と呼ぶのか、意見が分かれます。この事例にあてはまる例として、朝鮮戦争とユーゴ紛争を挙げます。

日本人は一九五〇年に勃発した朝鮮戦争を長らく、戦争とは呼ばず、朝鮮事変、あるいは、朝鮮動乱と呼んできました。一九五〇年六月、北朝鮮が宣戦布告をせずに突然、三八度線を突破し、南下して始まったからです。

ユーゴ紛争は一九九一年、スロベニアとクロアチアの独立宣言をきっかけに始まりました。欧米の多数派はこれをBalkan Warと呼び、戦争という言葉を使います。しかし、やはり宣戦布告がなかったので、昔の言葉で言うなら事変です。

以上二つの例は、紛争と呼んでいれば間違いないでしょう。もっとも国際法にこだわらず、俗称で「朝鮮戦争」「バルカン戦争」と呼ぶのは自由ですが。

次に、宣戦布告はしているが、交戦していない場合です。表では3の部分です。そんな場合も実際にありました。

日本は第二次世界大戦の講和条約サンフランシスコ条約で四八カ国と平和条約を結びました。平和条約を結んだとはいえ、トルコやインド、そしてスリランカなど、実際には戦っていない国が多数でした。国際連合に加盟する条件が対日宣戦布告だったので、駆け込み参戦した国がたくさんあったからです。なかでもトルコなどは対日宣戦布告した事実さえ国民には知らせずじまいでしたので、トルコ国民には第二次大戦で日本と戦ったという認識はないようです。

この例からもわかるように、宣戦布告があっても交戦はないという、3の状態は実際に存在します。この状態は、法的状態説でなければ説明できません。実態説の人たちは、既に宣戦布告が消滅したので、今後は考えなくてよいと思っているのでしょう。ただし、過去の事例研究に実態説を用いると、説明に矛盾が生じてしまいます。

実態説は論理的ではないのですが、世界的には多数派です。とにもかくにも、「戦争」は一九四五年に根絶されました。そして、すべて紛争になりました。人類は、決闘をやめて殺し合いに回帰したのです。

世界は平和と戦争のけじめを捨てた

世界は、「ウェストファリア体制」の大事な部分を捨ててしまいました。その大事な部分とは、文明国の法理です。

ところが、いまだに「ウェストファリア体制」にしがみついている国があります。日本です。さんざん、総力戦で痛めつけられたのに、健気です。

一九三七年に始まった支那事変を、一九四一年に始まった大東亜戦争に含める、というのが日本国の立場です。ソ連をはじめ、多くの国に宣戦布告され、実際に戦闘をしていないトルコやインドのような国も含めて戦争状態になりました。そして多数の国とサンフランシスコ講和条約を結び、一九五二（昭和二十七）年四月二十八日に発効しています。同条約に調印しなかった中華民国やソ連とも、個別に条約を結んで戦争状態を終わらせました。

戦時と平時のけじめをつけているのです。

日本が「ウェストファリア体制」を守っているのを示す例は、もう一つあります。

一九〇四年日露戦争の時、バルカン半島のモンテネグロという国が対日宣戦布告をしました。ところが、日本は気づかなかったのか、あるいは、気づかないふりをしたのか、今となっては真相はわかりません。なにしろ、モンテネグロ自身がすぐに宣戦布告をしたのを忘れてしまい、宣戦布告されたはずの日本もいまだにその宣戦布告書を発見できていないからです。

ちなみに、もし当時の日本が宣戦布告を受領すれば、日英同盟の条文の文字通りの解釈では、英国に参戦義務がありました。英国参戦になれば、今度は露仏同盟の条文を、これもまた文字通り解釈すると、フランスにも参戦義務が生じる事態になります。つまり、日英同盟と露仏同盟が全面衝突する世界大戦の可能性もあったわけです。

それはともかく、日本がモンテネグロの宣戦布告の事実自体に気づかなかったという大人の対処をしたおかげで、世界大戦は回避されました。日露戦争が「第ゼロ次世界大戦」と呼ばれるのも故なしとはしません。

当然、翌年のポーツマス講和会議にモンテネグロは呼んでいません。

なお、一九一四年からの第一次世界大戦で、モンテネグロは連合国として戦っていますから、日本の同盟国です。大戦後、モンテネグロはセルビアらといっしょにユーゴスラビアを建国しました（最初の正式名称は、セルブ・クロアート・スロヴェーン王国）。本当は、この国を国家承認した時点で、「戦争」状態は終結しているはずです。

ところが、モンテネグロは「我々は交戦国だ」と言い張っていました。冗談かと思っていたら、本気でした。

日本人とモンテネグロ人が殺し合いをしたという記録を見たことがないのですが、とにもかくにも「戦争」状態は続いていることになります。少なくともモンテネグロは言い張っていたので。それを止めたのが、鈴木宗男衆議院議員です。二〇〇六年、モンテネグロはユーゴスラビアから独立しました。この時、日本は国家承認を行うのですが、モンテネグロ側は日露戦争の終結を宣言します。かくして一〇一年も続いていた「戦争」状態は終結しました。きっかけは、鈴木宗男議員の質問主意書です。

なお、日本政府は一貫してモンテネグロの宣戦布告を「届いていない」「聞いていない」と否定し、モンテネグロは「我々は宣戦布告したが、終結させた」との立場を崩していません。

事実を一つに認定しようとしたら、矛盾が生じます。

しかし、「主権国家なのだから、立場が異なるのが当然だ」とするのが「ウェストファリア体制」です。

「戦争」を否定するとどうなるか?

今の日本が「ウェストファリア体制」を守ったところで、小国なので何の影響力もないままです。

宣戦布告を廃止し、戦時と平時のケジメがなくなりました。「戦争」という言葉は消したけれども、平和と平和ではない状態の区別がなくなってしまったのです。

宣戦布告によって味方と敵と中立を明確に分けているのに、宣戦布告の廃止でそれが曖昧になり、誰がどの立場なのかが不明になるわけです。その典型的な例が、ベトナム戦争とユーゴ紛争です。

ベトナム戦争というのは、始まりはフランスに対するベトナムの独立戦争でした。それがいつのまにかアメリカと戦っていました。

九〇年代のユーゴ紛争も、いつ誰と誰が戦い始め、誰が誰と戦っているのかもわからないまま、非戦闘員が巻き込まれて悲惨になっていきました。

なお、ユーゴ紛争がどれほど出鱈目か。大前提ですが、ユーゴ紛争とは、六つの共和国からなるユーゴスラビア連邦に対し、五つの共和国が次々と独立していった戦争です。連邦の中心であるセルビアから、他の共和国が出て行った格好です。結果的に七つの国ができました。数が合いませんが、順を追って説明します。

・スロベニア紛争（一九九一年）

スロベニアが、クロアチアを誘って、セルビアに対し独立戦争を仕掛ける。スロベニアは独立を果たし、すぐに戦争をやめるが（十日間戦争）、クロアチアはセルビアと泥沼の抗争。同時並行でボスニア・ヘルツェゴビナとも三つ巴の抗争。

・クロアチア紛争（一九九一？〜九五年）
セルビアとクロアチアの殺し合い。NATOが圧力をかけ、クロアチアとボスニア・ヘルツェゴビナを組ませる。クロアチアは独立。

・ボスニア紛争（一九九一？〜九五年）
クロアチア紛争と同時並行で行われる。ボスニア・ヘルツェゴビナは独立。なお、マケドニアは他の三国の抗争に非武装中立を掲げ、独立を果たす。

・コソボ紛争（一九九八？〜九九年）
ユーゴ連邦内のコソボ自治州でセルビア人とアルバニア人が抗争。真相は、政府主催のねずみ講で国家破産したアルバニアが、セルビアに対するプロパガンダを開始。NATO諸国が束になってセルビアを空爆。セルビアの後ろ盾のロシアが核のボタンを戻す、中国大使館誤爆で紛議が世界中に広がる様相を見せたところで、停戦。

・マケドニア紛争（二〇〇一年）
アルバニア山賊がマケドニアを攻撃。マケドニア政府の弱腰に行った住民デモをきっかけに武力衝突に至るが、フランスの仲介で事なきを得る。なお、スウェーデンとスイスも軍事介入を宣言。事件後、スイスは永世中立国のまま、国連に加盟。なお、隣国のギリシャの圧力で、二〇一八年にマケドニアは「北マケドニア」と国名を改称。

・モンテネグロの独立（二〇〇六年）
比較的平和裏に独立。

・コソボ独立（二〇〇八年）
旧ユーゴでは共和国ではなく自治州だったコソボが、「アルバニア人が多数派だ」との名目で国際社会の支援を得て、セルビアから独立。セルビアは認めず、「ならば、セルビア人が多数派の北コソボを独立国とせよ」と紛議を続けている。

マヌケで野蛮な光景です。戦時と平時の区別、味方と敵との区別、をつけないから、こうなります。マヌケは勝手ですが、戦闘員と非戦闘員の区別がつかなくなり、悲惨になりました。

ユーゴ紛争では、民族浄化が言われました。敵対民族の女性を拉致して輪姦して妊娠させ、中絶ができなくなってから元のコミュニティーに返す。強姦を敵民族殲滅に対する武器として使ったのです。

また、死体凌辱部隊も登場しました。正規軍は敵を倒したら、次の戦闘行動に移らねばなりません。だから、敵の死体を切り刻むなど、やっている暇がありません。だから、敵の死体を凌辱する専門の部隊が登場したというのです。民族憎悪の結果です。そして、やられたらやり返す。

これらの話がどこまで事実かの特定は避けますが、ユーゴ紛争が度を越えて悲惨だったのは間違いありません。

これまた災厄の根源は、ウッドロー・ウィルソンです。

ユーゴ紛争が起きた旧ユーゴスラビアという国がどんな国だったのか、「ユーゴ数え歌」を紹介します。

ユーゴスラビアは「二つの文字、三つの宗教、四つの言語、五つの民族、六つの共和国、七つの国境。だけど一人のチトー大統領」といわれる国でした。ちなみに、この数え歌にはこれとは逆に七つから始まり、「だけど一つのユーゴスラビア」などとするバージョンもあります。いずれにせよ、多民族がチトー大統領のもとになんとか一つの国としてまとめられていたのです。

ところが、六つの共和国のうちスロベニア、クロアチア、マケドニア、ボスニア・ヘルツェゴビナ、モンテネグロの五つが離脱していき、ユーゴスラビアに残ったのはセルビアだけでした。ところが、さらに、その残ったセルビアからコソボが分離しました。六つの共和国を六つに割ったら七つになったのです。すべては、ウィルソンの提唱した「民族自決」が原因でした。

「民族自決」は無限の分離独立になる

さらにその先があります。セルビアが分離しようとするコソボに要求し始めました。要は、セルビアから分離してアルバニア人主体のコソボ共和国を作るというのであれば、コソボ共和国内にいるセルビア人も独立させろという内容です。

「民族自決」を言い出せば、無限に分離独立になるのです。

民族とはネイション（nation）です。肌や髪の色など身体的特徴に基づいた分類のレイス（race）や血統に基づく分類のトライブ（tribe）などのように、自然科学的には区別できません。

また、日本語では「民族」と同じ語に訳される、ネイションとエスニック（ethnic）は、主権国家を持つ意志と能力の有無で区別できます。その意志と能力があるのが、ネイション、それがないのが、エスニックです。

主権国家を持つ意志と能力を、どうやってつけるかというと、力でつけるしかありません。したがって、民族自決をやっていいとなれば、無限に分離独立となり、しかも力尽くになるわけですから、悲惨にならないわけがないのです。

これが決して他人事《ひとごと》でないのは、今の日本にも琉球とアイヌの独立運動があるからです。それを煽っているのはチャイナです。ウチのチベットをいうのであれば、日本にも琉球、アイヌがあるではないかと。「民族自決」を煽り、日本を分断しようというのが狙いです。

ウィルソンの呪いは、かくも恐ろしい……。

中東戦争は〝ガチ〟か〝ヤオ〟か

何度でも繰り返しますが、人類の不幸の九割を作ったのはウィルソンです。

ウィルソンが徹底的に「ウェストファリア体制」を破壊し、ほぼ残骸しかありません。残骸だけでもあるから、一六四八年以前の世界よりは文明的ですが。

これもまた、ウィルソンのせいで起きた中東紛争を見ておきます。元をたどれば、ウィルソンがオスマン・トルコ帝国を破壊したのが、現在の中東紛争の起源です。

中東戦争を見分けるポイントは、〝ガチ〟か〝ヤオ〟かという一点です。すなわち、真剣勝負なのか八百長なのかという点です。

二〇〇三年三月に勃発したイラク戦争以前は、中東の主権国家どうしでは、基本的に全部八百長でした。八百長で悪ければ、「お互いの存在を抹殺する前に妥協する」です。

中東では、イスラエルというユダヤ人の国はユダヤ教で、そのほかの国は全部イスラムです。さらにイスラムの中を見ると、トルコとイランという非アラブの元大国があって、その二国以外は全てがアラブです。

一応、エジプトがイスラムの盟主のような立場になって、エジプトがイスラエルと妥協しました。すると、今度はエジプトに代わって、シリアがイスラムの盟主のようになりました。と言ってもシリアは小国なので、イランが後ろ盾で、鉄砲玉みたいな扱いです。

中東戦争というのは、常にイスラエル対シリアです。

そのシリアは半年に一回はクーデターを起こしていた国です。それを先代のハーフィズ・アサド大統領が、力尽くでまとめ上げました。あらゆる宗教戦争、民族紛争をファシズムによって救済、統一させたのです。バアス党という独裁政党が国家を乗っ取っているのがファシズムです。

アラブ穏健派とは軍国主義によって正気を保つ国です。レバノンやエジプトは軍国主義です。それに対して、アラブ過激派は、ファシズムによって正気を保つ国です。イラクやシリアなどはファシズムです。

テロの犯行声明を出す理由

とはいえ、中東の国家は主権国家の枠組み内にあって、ときどきテロリストを使ったりもするのですが、やるのは目的限定戦争です。

というのは、イスラム教もユダヤ教も、どちらも商人の宗教です。ですから、表では罵り合いながらも妥協します。そして、テロリストが跋扈する理由は、紛争が起きていないと生活ができないからです。

ヤーセル・アラファトという人のやり方を見れば、その特徴が一目瞭然です。

アラファトというパレスチナ解放機構（ＰＬＯ）の指導者だった穏健なおじさんは、〝アラブの足利義昭《あしかがよしあき》〟みたいな人でした。両者に共通するのは、事が起きたときにはいち早く〝犯行声明〟を出すという点です。足利義昭は関与したのかどうかはともかく、本能寺の変が起きたとき「俺が明智にやらせた」と〝犯行声明〟を出した室町将軍です。足利義昭に関しては前掲の小著『大間違いの織田信長』もご覧ください。

アラファトも中東のアラブ人の誰かがテロを起こすと、自分は何も関わっていないときでさえ、とりあえず犯行声明だけは出すのです。

犯行声明を出すのは、あらゆる方面から寄付金を巻き上げるためです。表で、世界中のアラブ過激派から「俺を支援しろ」と寄付金を巻き上げ、裏でも欧米に「俺がそいつらに話をつけてやるから」といっては金を集め、そして過激派には掴み金を渡して「ほどほどにしろよ」と手打ちしていました。

ただし、二〇〇一年の九・一一テロのときには、アメリカ人が頭に血が上っているので、八百長ではなくガチになるとアラファトは判断しました。率先して献血を申し出て、それをカメラの前でアピールしています。アルカイダと犬猿の仲だったイラクのサダム・フセインが、突如としてイラク戦争を仕掛けられて破滅したのと、対照的です。

中東は「ウェストファリア体制」をやっていたときは、テロも含めて、まだ勝手知ったるケンカでした。何しろ中東は〝テロ付き日本の戦国時代〟ですから。実際、サウジアラビアのサウド家などは、斎藤道三《さいとうどうさん》みたいなものです。王の権威などはへったくれもなく、三代前は油商人ではなかったかというような、そのレベルの馬の骨ですから。

そのサウジも、「ウェストファリア体制」をやっていたときの行動原理はマシでした。サウジアラビアのアブドラさんが国王だった時に、「中東で大事なのは、お互いを認めあうことだ」と言っていたぐらいですから。それでは生活できない人がテロをやり、ほどほどのところでバランスを取っていました。

十年に一回ぐらいの割合で中東戦争をやっていたのが、まさにそれです。第一次から第四次までの中東戦争が、一九四八年、一九五六年、一九六七年、一九七三年に起きています。さらに、一九八二年のレバノン侵攻、一九九一年の湾岸戦争、そして二〇〇三年のイラク戦争と、そこまでは計算通りでした。

問題はそれ以降です。二〇一〇年末に、チュニジアに端を発した「アラブの春」シリーズで、主権国家の枠組みを作っていた、軍国主義政権とファシズム政権が悉《ことごと》く打倒されていき、結果、そのあとにやってきたのは無秩序だけです。

ちなみに、イスラムの国で民主主義をやろうとすると、原理主義になってしまいます。なぜなら、世俗主義をイヤがるので、多数決を導入した瞬間に古代にかえりたい、ムハンマドにかえりたい、となるからです。

バランスを取っていたのが、ものの見事に崩れたわけです。

ウィルソンの唱えた「民族自決」が無秩序を招き、世界を泥沼に引きずり込んでいくのです。

日本の周辺で「ウェストファリア体制」の価値観が通じる国は？

現代の世界を見渡せば「ウェストファリア体制」がどれぐらい残っているでしょうか。

主権国家の並立体制は、建前上は残っています。その意味でいえば、世界はいまだに「ウェストファリア体制」です。

日本語の「ウェストファリア体制」とは、「はじめに」に書いたように、

一　心の中では何を考えてもよい
二　人を殺してはならない
三　お互いの存在を認めあおう

という三要素です。

そして、これらは最も確立された国際法であり、法則なので否定のしようがありません。しかし、現実はどうでしょうか。

この三要素が当然だという価値観を持った国はどれぐらいあるのだろうかと、世界を見渡してみましょう。

一九九一年にソ連が滅んだので、西のほうはまだマシです。

とはいうものの、今はウラジーミル・プーチンという、ソ連の栄光を取り戻したくて仕方がない非文明人の輩がいて、アメリカやヨーロッパが頭をかかえています。しかし、それでもヨーロッパの真人間は全員プーチン封じ込めを考えて、プーチンを旧ソ連の域内に押し込

めているわけです。ウクライナが盾になってくれていて、東欧諸国はロシアの隣国ではなくなりました。

トルコにとってもアゼルバイジャンとグルジア（現ジョージア）が盾になってくれています。ロシアへの盾になっている分、ウクライナとグルジアは酷い目に遭っているのですが。それでも、ソ連を滅ぼしたのだから、直接国境を接していた昔よりは今のほうがマシというレベルです。

ヨーロッパで、もう一つマシなのがバルカン情勢です。ＮＡＴＯ（北大西洋条約機構）が東方拡大しているからというのが大きな要因です。ＮＡＴＯとは、アメリカとヨーロッパの同盟です。米英仏独の大国が束になっています。ＮＡＴＯに入って軍事侵略された国は、ありません。

では、日本の周りで、人を殺してはいけませんという価値観が通じる国を数えてみましょう。

アヤシいのは韓国

日本はその価値観がもちろん通じます。自民党の安倍晋三さんであれ、旧民主党の菅《かん》直人さん、鳩山由紀夫さんであれ、「人を殺してはいけない」という価値観は通じます。だから、東アジアの指導者のなかでは、日本がダントツで文明的です。

その価値観が通じる台湾は、残念ながら国として認められていません。日本自らが認めないという暴挙を田中角栄内閣のときにやらかして今に至っています。

アメリカは、たとえトランプ大統領をボロクソに言ったとしても、戦争以外では人を殺しません。「人を殺してはいけません」といえば、「何を当たり前のことを」と言われるのがオチです。

逆に、その価値観が絶対に通じない順に並べてみましょう。

まず、北朝鮮です。金正恩朝鮮労働党委員長には「叔父さんを殺して、遺体を犬に喰わせてはいけません」というところから始めなければならないので、論外です。

さらにはっきり言っておきましょう。北朝鮮は日本にとっては、敵であり犯罪者です。

六カ国協議というのがあります。北朝鮮の核開発問題について、日本、アメリカ、中国、ロシア、韓国、そして北朝鮮が話しあう外交会議です。韓国は北朝鮮と一応「同一民族」なので除外して、日米中ロの北朝鮮に対する立場を考えたとき、米中ロにとっては核とミサイルの問題だけなので、北朝鮮は敵です。

ところが、日本だけ立場が違います。日本にはその問題に加えて拉致問題があるので、北朝鮮は犯罪者でもあるわけです。

六カ国協議で同じ北朝鮮相手に交渉していても、敵として交渉する話と、犯罪者として交渉する話が同時並行に行われるわけです。だから、北朝鮮は六カ国協議から日本をはずしたいのです。もっとも、麻薬の密輸だの、偽札作りなどをやっている北朝鮮はすべての国にとっても犯罪者であるのには違いがないのですが。

次は中国です。中国人は自分がやり返されなければ、相手を殺していいと考える国です。中国は常に派閥抗争で、絶対的独裁者というのはいません。かの毛沢東ですら、バランスの上に立っていただけでした。

そして、ロシア。ロシアというのは、中国と違って独裁者が出やすいところです。プーチンに「人を殺してはいけません」といえば、中国の習近平とはまた違った意味で「なんで？」と聞き返すでしょう。

習近平もプーチンも、プロパガンダとしては「人を殺してはダメです」とは言うでしょう。でも、本音は全然違っています。一応、建前としては通じるけど、実態はまるで違います。二人に共通しているのは、自分が殺されなければ、やっていいと考えるところです。むしろ、すでにバンバンやっています。

アヤシいのは韓国です。

朴槿恵《パククネ》前大統領は韓国最後の良識派でした。ほかの大統領候補全員が親北派だったとき、一人だけ北朝鮮に呑み込まれるのはイヤだと、中国への売国奴になろうとしたところ、親日派だとして叩かれたわけです。日本のネトウヨは朴槿恵が反日だと叩いていましたが、朴槿恵は韓国内では最大限の親日だったのです。

韓国では反日は大前提です。問題は親北がイヤだから親中をやろうとした朴槿恵を、日本人も一緒になって叩いたことです。放っておけばいいのに、安倍首相が慰安婦問題で日韓合意をやってしまったのも、朴槿恵が余計に叩かれる原因になりました。その結果、朴槿恵が潰れて、文在寅という人が登場してしまったのです。

日本人は自覚より始めよ

ここまで、世界を歴史的に眺め、現状を見渡すと改めて気づきます。

「戦争」はこの世で最も悲惨なことでもなんでもない。より悲惨なことはいくらでもあると。

グロティウスが提唱した、「正式の戦争」が本来の意味での「戦争」であり、それが伝統国際法の「戦争」です。

そうした「戦争」より悲惨なことは数えきれません。紛争、略奪、拷問、宗教戦争、共産主義、ウッドロー・ウィルソン、そして北朝鮮の飢餓なども。

ちなみに、現代の飢餓というのは全部人災です。情報化社会になったので、世界が本気になれば飢餓はなくせますから。

では、戦争よりも悲惨なことが渦巻く現世界で、日本は何をすべきか。

まずは、自分たちが真人間の国であるとの自覚が必要です。〝自覚より始めよ〟です。

何度も言います。「ウェストファリア体制」の三つの要素、

一　心の中では何を考えてもよい
二　人を殺してはならない
三　お互いの存在を認めあおう

これらを当たり前だと思っている、それ自体が世界の当たり前ではないのですから。さらに必要なのは、大日本帝国の全人類に対する罪、世界に野蛮をまき散らしてしまった罪に対する自覚です。

ケンカの準備をすればよい

自覚するのと同時に必要なのはやはり、知力・財力・腕力です。財力はまだ、世界有数の経済力を持っているわけですから、それをどうやって活かすかが重要です。景気回復など、そんなのはできて当たり前。できなくては話になりません。自分が勉強して賢くなって、賢くなれば軍備拡張だろうとなります。せめてGDPの二パーセントぐらいはやれよと。

軍拡は戦争の準備です。戦争に備えたからといって、即、戦争を行うわけではありません。

戦争の準備をすることと、戦争をすることはまったく別ですから。

アメリカがウェストファリア国家かどうかという疑問や、台湾が国家として認められていないという現状があっても、一応、人を殺してはいけないという価値観が通じる仲間が、東アジアにいるわけです。

そのほか、日本を取り巻くのは非ウェストファリア国家ばかりです。

とはいえ、一つ幸いなのは、中国もロシアも北朝鮮も全員が力の論理の信奉者だという事実です。それは今の指導者が替わろうと、変わらない国の体質です。

ということは、それらの国は自分より弱い奴の話は聞かないけれど、自分より強い奴とは絶対にケンカしません。

だから、答えは簡単。日本はケンカの準備をして強くなれば良いだけなのです。

ケンカをするのと、ケンカの準備をするのとはまったく違います。

よって、日本はケンカの準備をすべきです。これが解決策です。そのために、知力・財力・腕力の全ての面で頑張ろうということです。

でも、どうやって頑張ればいいのかがわからなければ、頑張れません。

まさに〝急がば回れ〟。この本を読んで、「ウェストファリア体制」という日本語をしっかりと理解してほしいのです。

おわりに

しばしば日本人は「この世で最も悲惨な出来事は戦争だ」などと、甘ったれた妄言を口走ります。

それは、日本が平和でノー天気だから言えるセリフです。と言っても、文明的でノンキに暮らせてきたのも、また確かです。

本書を読み終えた読者の皆さんは、「戦争」よりも悲惨な出来事など山のようにあるとご理解いただけると思います。

かつて、世界の辺境に住むヨーロッパでは、人々は「人殺し」に明け暮れていました。「戦争」とは違う、単なる殺し合いです。血に飢えたライオンの殺し合いよりも、なお野蛮な世界です。ヨーロッパでは殺し合いが日常で、平和など束の間の安らぎにすぎなかったのです。

そうした世界に心を痛めた、一人の学者がいました。フーゴー・グロティウスです。その代表作は『戦争と平和の法』ですが、そのほとんどが「戦争」の話で、平和はオマケです。平和は目指すべき理想ですが、そのためには悲惨すぎる人殺しをやめさせなければならない。だから、よりマシな殺し合いの方法として、グロティウスが「戦争」を発明したのです。

グロティウスは、考えました。「人間が生きている限り、殺し合いはなくならない。しかし、「人殺し」の悲惨さを少しでも軽減することはできる。少なくとも努力はすべきだ」と。そして、説きます。「人は、獣ではない。どうしても仲良くできない相手は敵になりうる。しかし、その相手が敵になったとして、人間でなくなったわけではない。敵は獣ではなく人間だ。どんな殺し方をして良いわけではない」と。

日本人からしたら、「そこからか⁉」ですが、まさにそこからはじめなければならなかったのが、前近代のヨーロッパです。そして生まれたのが、「ウェストファリア体制」です。ウェストファリア体制とは、主権国家が並立する体制のことです。

主権国家とは、誰にも支配されない国家のことです。そうした主権国家の集まりが、国際社会です。国際社会には、警察も裁判所もありません。何か揉め事が起きると、主権国家どうしの「戦争」によって決着を付けます。

なぜ「戦争」が文明的なのか。国家と国家の、決闘だからです。その決闘の掟《ルール》が国際法です。単なる人殺しとは、違います。

十七世紀まで世界の辺境にすぎなかったヨーロッパの国々が、いつの間にか、ヨーロッパの大国が世界の大国となっていました。自分たちの掟《ルール》を世界中に押し付けました。「我々は文明国だ。貴様たちは従え」と。そして、決してキリスト教徒以外の異教徒を、文明国とは認めませんでした。力でねじ伏せていきました。

こうした中で、白人でもキリスト教徒でもない、日本が世界の大国として登場しました。ヨーロッパ人が押し付けてきた掟《ルール》を彼ら以上に守り、文明の模範を示しました。

なぜ、それが可能だったか。ヨーロッパ人が十七世紀にたどり着いた文明は、日本人が歴史を持つ以前から当たり前に思っていた価値観だからです。

心の中で何を考えても良い。戦いの時でも、やってはいけないことがある。何より、理由もなく人を殺してはいけない。

大日本帝国が世界の大国となることで、しょせんは欧州公法にすぎなかった国際法が、真の意味での国際法となりました。国際社会には守らねばならない掟《ルール》があり、どんな国も対等だ。その意味でのウェストファリア体制は、日本によって世界に広まったのです。

ところが、二十世紀。宣戦布告で始まる「戦争」は、根絶されました。結果、戦時と平時のけじめ、味方と敵と中立の区別がなくなりました。そして、戦闘地域と非戦闘地域、戦闘員と非戦闘員の区別がつかなくなり、単なる殺し合いの時代に逆戻りしました。

国際法は歪められ、ウェストファリア体制を無視する国々が幅を利かせています。特に中国とロシア。それに北朝鮮や韓国だって野蛮な国々です。すべて日本の敵国です。同盟国のアメリカだって、本質的には、非ウェストファリア国家です。

では、我々日本人は何をすべきでしょうか。

その答えは、本書の中からご自身で「発見」してください。

本書も多くの人に助けられながら作った。

PHP研究所の白地利成さんとは、『Voice』の名物企画「説教ストロガノフ」以来のお付き合いだが、単行本は初めてである。白地さんは、言葉のセンスと著者の乗せ方が最高である。自分で言うのもなんだが、ここまで高尚で、しかし読みやすい本にできたと思っているが、白地さんのおかげである。

倉山工房の雨宮美佐さんは、この本だけで数年がかりでかかわっていただいた。超難解な

『戦争と平和の法』をここまでかみ砕くことができたのは、ひとえに雨宮さんの支えのおかげである。

㈱キャリアコンサルティング及びしがく総研での教え子である清水崇史さんにも、教えられた。清水さんには私の主催する倉山塾で勉強の成果を発表してもらい、大いに参考とさせてもらった。

企画当初は、既にPHP研究所を退社されている川上達史さんが担当だった。倉山塾での清水さんの発表を受け、川上さん、雨宮さんと本書の構成を考え、白地さんに仕上げてもらった。

私は倉山塾など多くの活動で、「ちゃんとした本を、ちゃんと読む、ちゃんとした人たちの輪を広げよう」と説いている。それが私の「くにまもり」だと信じて。そのためにはまず、自分がちゃんとした本を世に送り出さねばならない。

多くの人に感謝しながら、筆をおく。

日本が再び文明国となる日を信じて。

ウェストファリア体制 関連年表

711年	西ゴート王国、イスラム軍に滅ぼされる ウマイヤ朝、イベリア半島を支配
1221年	チンギス・ハン、インダス川の戦い ～モンゴル軍、ホラズム帝国軍を壊滅させる
1378年	ウィクリフ(オックスフォード大学教授)の宗教改革(～1384年)
1389年	コソボの戦い～セルビア王国以下キリスト教国連合、オスマン帝国に敗北
1393年	ブルガリア、オスマン帝国に吸収される
1415年	フス、処刑
1419年	エンリケ航海王子(葡)の探検事業始まる
1444年	アルバニア、スカンデルベグの下でオスマン帝国に抵抗(～1468年)
1453年	オスマン帝国、ビザンチン帝国を滅ぼす
1455年	ばら戦争(イングランド対フランス)～1485年→疲弊 フランス・シャルル七世(勝利王)、ジャンヌダルクの名誉回復裁判
1459年	セルビア、オスマン帝国に吸収される
1463年	ボスニア、オスマン帝国に吸収される　多数の住民がイスラムに改宗
1488年	バルトロメウ・ディアス(葡)喜望峰に到達
1491年	ヘンリー八世(ルネサンス文化人、久しぶりの名君)誕生
1492年	グラナダ陥落。レコンキスタ(失地回復)完成 コロンブス、アメリカ大陸の手前まで到達。アメリカ大陸を「発見」
1493年	明応の政変～細川政元のクーデター
1494年	トリデシリャス条約＝〝地球割り〟 フランス・シャルル八世、イタリア戦争(～1544年)
1495年	マヌエル一世(幸運王)、ポルトガル国王になる
1498年	ヴァスゴ・ダ・ガマ(葡)、インド～カリカット～到達
1501年	ヘンリー八世、兄の死により、兄嫁(四歳年上)と婚約
1502年	アルバニア、オスマン帝国に吸収される →オスマン帝国、モンテネグロ(黒山国)以外のバルカン

	を平定
1509年	ヘンリー八世、即位。結婚。多くの愛人
1510年	ポルトガル、ゴアを占領
	ヘンリー八世、父の代からの重臣を逮捕。以後、粛清が病みつきになる
1511年	ヘンリー八世、フランスを裏切って攻めるが、失敗
1517年	ポルトガル、広東に到達 ルター、95カ条の論難～ドイツや北欧で広がる
1518年	ポルトガル、セイロンを占領 ツヴィングリの宗教改革 ヘンリー八世、フランスと同盟
1519年	スペイン王カルロス一世、神聖ローマ皇帝カルロス五世に
1520年	ヘンリー八世、金襴《きんらん》の陣
1521年	コルテス、アステカ文明を破壊 ヘンリー八世、同盟を結んだフランスを裏切り、返り討ちに遭う ヘンリー八世、ルターを批判した功でバチカンから「信仰の擁護者」の称号
1522年	マゼラン艦隊(西)、世界一周
1523年	日本:室町幕府　細川氏と大内氏が勘合貿易の利権をめぐって、明で大暴れ
1524年	ドイツ農民戦争
1526年	バーブル(ティムールの末裔)、ムガール帝国を建国(～1858年)。初代皇帝に
1529年	オスマントルコ、第一次ウィーン包囲作戦 スレイマン大帝にカール五世、怯えまくり
1533年	ピサロ、インカ文明を破壊 ヘンリー八世、キャサリン・オブ・アラゴンとの婚約無効を宣言 エリザベス一世(ヘンリー八世とアン・ブーリンの娘)、生誕 ヘンリー八世、バチカンから破門される
1534年	イグナチウス・ロヨラがイエズス会を結成

	ヘンリー八世、首長令(国王至上法)。英国国教会を設立 パリ檄文事件→プロテスタント弾圧
1535年	ヘンリー八世、トーマス・モア大法官を処刑 フランス、オスマン帝国からカピチュレーション(領事裁判権など)を与えられる
1536年	ヘンリー八世、アン・ブーリン(エリザベス一世は2歳)を処刑 カルバン『キリスト教綱要』を刊行 →ユグノーが広まる
1537年	ヘンリー八世の(3番目の妻)、ジェーン・シーモアが産褥死 ヘンリー八世の側近、トマス・クロムウェルが即座に次の女を探す
1538年	プレヴェザの海戦～ヨーロッパ連合軍、オスマン帝国に大敗
1540年	ヘンリー八世、アン・オブ・クレーヴスをそっと離婚。トマス・クロムウェルを肖像画の責任で死刑？
1541年	カルバン、市民の懇請でジュネーブへ カルバン、ジュネーブで神権政治(～1564年)
1542年	ヘンリー八世、スコットランドに対して「乱暴な求愛」 ヘンリー八世、キャサリン・ハワードを処刑
1543年	ポルトガル人、日本に鉄砲伝来 ヘンリー八世、キャサリン・パー（金持ち未亡人)と結婚 徳川家康、誕生～人質生活へ
1546年	足利義輝、将軍就任 小氷河期が終わる
1547年	ヘンリー八世、崩御
1549年	ザビエル(イエズス会)、カトリック伝来
1553年	アンリ四世(仏)、生誕
1555年	アウグスブルクの和議～カトリックとプロテスタントが1回和解
1556年	ハプスブルク家、オーストリアとスペインに分立 スペイン王にフィリペ二世
1558年	エリザベス一世、即位。国王至上法で国教会の権威を強化

1560年	桶狭間の戦い。徳川家康、脱人質
1562年	アンリ四世(仏)、カトリックに強制改宗させられる ヴァシーの虐殺→ユグノー戦争 アンリ四世(仏)、ブルボン家の当主として盟主に
1564年	ノストラダムス、アンリ四世の才能と運命を預言
1565年	スペイン、フィリピン支配 永禄の変(将軍足利義輝暗殺)
1568年	織田信長、上洛 ネーデルラント独立戦争(〜1609年)
1569年	アンリ四世、ユグノー陣営の盟主になる
1571年	レパントの海戦〜ヨーロッパ連合軍、オスマントルコにまぐれ勝ち しかし、地中海の制海権はオスマンに
1572年	アンリ四世(仏)、結婚式でサンバルテルミーの虐殺。カトリックに改宗
1573年	織田信長の登場 室町幕府、19回目の滅亡 秀吉、長浜城主になる
1575年	長篠の戦い
1576年	アンリ四世(仏)、プロテスタントに改宗
1577年	手取川の戦い〜上杉謙信 対 信長オールスターズの戦い クリスチャン四世(丁)、生誕
1580年	スペイン、ポルトガルを併合
1581年	ネーデルラント連邦共和国独立宣言 ネーデルラント、スペインの覇権にとって代わる(海上帝国)
1582年	本能寺の変〜信長死去、豊臣秀吉があとをまとめる 山崎の戦い(秀吉vs.明智光秀) 秀吉、検地 徳川家康、どさくさに紛れて、旧織田領を奪取
1583年	賤ヶ岳の戦い(秀吉vs.柴田勝家、織田信孝)
1584年	小牧長久手の戦い(秀吉vs.徳川家康、織田信雄) 家康、戦術的に羽柴秀吉に勝利
1585年	秀吉、四国征伐(vs.長宗我部元親)

	秀吉、関白になる 秀吉、惣無事令《そうぶじれい》〜「戦いはやめろ」 家康、豊臣秀吉に臣従 フランス、ユグノー戦争の最終段階＝三アンリの戦い（1585〜1589年） リシュリュー（仏）、生誕
1587年	秀吉、九州征伐（vs.島津義久） 秀吉、伴天連追放令、惣無事令 エリザベス一世、スコットランド女王メアリを処刑
1588年	室町幕府、20回目にして完全滅亡。足利義昭、征夷大将軍を辞める 秀吉、刀狩、海賊停止令 cf.ヨーロッパ、1856年パリ条約で海賊停止令と同様のことをやる クリスチャン四世（丁）、即位。大海軍を建設（３倍の規模に） エリザベス一世、スペインの無敵艦隊（アルマダ）を神風で破る
1589年	アンリ四世（仏）、即位（ブルボン朝）
1590年	秀吉、小田原征伐、天下統一vs.北条氏政
1592年	秀吉、朝鮮出兵（〜1598年）
1594年	グスタフ二世アドルフ（瑞）、生誕
1598年	秀吉死去 アンリ四世（仏）、ナントの勅令〜カトリックの国教とプロテスタントへの信仰の自由
1599年	オランダ、ポルトガルを駆逐
1600年	関ヶ原の戦い ヤン・ヨーステン（オランダ）、リーフデ号で来航。江戸幕府の顧問になる イングランド、東インド会社を設立
1603年	家康、征夷大将軍になる ヌルハチ、興京に遷都 エリザベス一世、崩御 ジェームズ一世（スコットランド人）、イングランド王に

	即位
1605年	第二代将軍徳川秀忠(在職1605～1623年)、大御所政治を始める
1607年	日朝通交再開(通信使のはじめ)
1609年	島津氏、琉球征服 オランダ、平戸に商館
1610年	アンリ四世(仏)、狂信的なカトリックに暗殺される
1611年	明、東林派と非東林派の抗争、再開 クリスチャン四世(丁)、カルマル戦争(～1613年)スウェーデンに勝利 グスタフ二世アドルフ(瑞)即位
1612年	江戸幕府、天領でキリシタン禁止(翌年、全国へ)
1613年	イングランド船、日本に来航
1614年	大坂冬の陣 デンマーク東インド会社設立
1615年	大坂夏の陣 江戸幕府、禁中並公家諸法度、及び、武家諸法度を定める
1616年	家康、死去 ヌルハチ、ハンになる(～1626年)～女直人を統一。後金を建国
1618年	ボヘミア戦争(三十年戦争)～1623年 5月23日　プラハ窓外放擲事件から始まる
1620年	後金、朝鮮に侵入 メイフラワー号、アメリカ大陸に到着
1623年	アンボイナ事件(オランダ、イングランドとインドネシアで戦う。オランダ勝利→イングランド、東アジアから撤退) オランダがイングランドや日本人傭兵を処刑 イングランド、日本からも撤退
1624年	リシュリュー（仏)、ルイ十三世の宰相 リシュリューの主導で、仏・蘭・丁・瑞・英の対ハプスブルク同盟
1625年	デンマーク戦争(三十年戦争)～1629年 デンマーク王・クリスチャン四世、対墺参戦

	(イングランドは、金と傭兵を援助) (ポーランドはモスクワと交戦中) フーゴ・グロチウス、亡命先のパリで『戦争と平和の法』を出版
1627年	リシュリュー（仏)、ラ・ロシェル包囲戦(〜1628年)でイングランド海軍を蹴散らし、プロテスタントを弾圧
1628年	権利の請願(イングランド)
1629年	ヴァレンシュタイン(神聖ローマ帝国の傭兵隊長)に蹴散らされ、デンマーク退場
1630年	イングランド、議会の反対で退場→イギリス革命へ スウェーデン戦争(三十年戦争)〜1635年
1632年	グスタフ二世アドルフ(瑞)、リュッツエンの戦いで、ヴァレンシュタインに勝利するも戦死 娘のクリスチーナが「バルト帝国」を継ぐ(在位：〜1654年)
1635年	フランス・スウェーデン戦争(三十年戦争)〜1648年 リシュリュー（仏)、アカデミー・フランセーズを設立
1636年	後金、国号を清にする(第２代ホンタイジ)
1637年	島原の乱勃発(1638年終結)〜「三十年戦争日本版」「三十年戦争日本戦線」 オランダ船、カトリックを艦砲射撃
1638年	イングランド、スコットランドに国教会を強制し、反乱(〜1640年)
1639年	「鎖国」の完成　「鎖国」と呼ばれる海禁令(実は貿易統制)→江戸の学問熱
1640年	イングランド、短期議会〜戦費を調達しようとする イングランド、長期議会(〜1653年)。星室庁の廃止
1642年	リシュリュー(仏)、死去 マザラン(イタリア人)、リシュリューの後継者、フランス宰相になる マザラン(仏)、三十年戦争に勝利 ウェストファリアで講和会議が招集される イングランド、５議員逮捕事件。清教徒革命。 イングランド、王党派(国教会)と議会派(清教徒)の内乱

1643年	順治帝(清)、5歳で即位。摂政ドルゴン
1644年	李自成、明を滅ぼす →鄭成功は台湾で抵抗、日本に支援を求める 順治帝のとき、明を滅ぼした李自成を討伐 デンマーク、ユトランド半島を占領されるが国民を駆り立て、撃退 クリスチャン四世、片目を失う
1648年	クリスチャン四世(丁)、崩御 ウェストファリア条約締結→ウェストファリア体制→国際法の成立 ネーデルラント、ウェストファリア条約で正式に国家承認される マザラン(仏)、ウェストファリア条約でフランスを名実ともに大国にする ウェストファリア体制で、決闘としての戦争が定着していく

PHP新書

PHP INTERFACE
https://www.php.co.jp/

倉山　満［くらやま・みつる］

1973年、香川県生まれ。憲政史研究家。96年、中央大学文学部史学科を卒業後、同大学院博士前期課程修了。在学中より国士舘大学日本政教研究所非常勤研究員として、2015年まで同大学で日本国憲法を教える。12年、希望日本研究所所長を務める。同年、コンテンツ配信サービス「倉山塾」を開講、翌年には「チャンネルくらら」を開局し、大日本帝国憲法や日本近現代史、政治外交について積極的に言論活動を展開している。著書に『国際法で読み解く戦後史の真実』（PHP新書）、『2時間でわかる政治経済のルール』（講談社+α新書）、『13歳からの「くにまもり」』（扶桑社新書）など多数。

PHP新書 1206

ウェストファリア体制
天才グロティウスに学ぶ「人殺し」と平和の法

二〇一九年十一月二十九日　第一版第一刷

著者――倉山　満
発行者――後藤淳一
発行所――株式会社PHP研究所
東京本部――〒135-8137　江東区豊洲5-6-52
第一制作部PHP新書課　☎03-3520-9615（編集）
普及部　☎03-3520-9630（販売）
京都本部――〒601-8411　京都市南区西九条北ノ内町11
組版――有限会社メディアネット
装幀者――芦澤泰偉＋児崎雅淑
印刷所・製本所――図書印刷株式会社

ISBN978-4-569-84552-4

ＰＨＰ新書刊行にあたって

「繁栄を通じて平和と幸福を」(PEACE and HAPPINESS through PROSPERITY)の願いのもと、ＰＨＰ研究所が創設されて今年で五十周年を迎えます。その歩みは、日本人が先の戦争を乗り越え、並々ならぬ努力を続けて、今日の繁栄を築き上げてきた軌跡に重なります。

しかし、平和で豊かな生活を手にした現在、多くの日本人は、自分が何のために生きているのか、どのように生きていきたいのかを、見失いつつあるように思われます。そして、その間にも、日本国内や世界のみならず地球規模での大きな変化が日々生起し、解決すべき問題となって私たちのもとに押し寄せてきます。

このような時代に人生の確かな価値を見出し、生きる喜びに満ちあふれた社会を実現するために、いま何が求められているのでしょうか。それは、先達が培ってきた知恵を紡ぎ直すこと、その上で自分たち一人一人がおかれた現実と進むべき未来について丹念に考えていくこと以外にはありません。

その営みは、単なる知識に終わらない深い思索へ、そしてよく生きるための哲学への旅でもあります。弊所が創設五十周年を迎えましたのを機に、ＰＨＰ新書を創刊し、この新たな旅を読者と共に歩んでいきたいと思っています。多くの読者の共感と支援を心よりお願いいたします。

一九九六年十月

ＰＨＰ研究所